ILARIA ALBANO

Il metodo Scortese

Una guida controcorrente per farcela nella vita quotidiana

SOLFERINO

SOLFERINO

www.solferinolibri.it

Pubblicato in accordo con Elastica s.r.l., Bologna

ISBN 978-88-282-1493-9
Prima edizione: settembre 2024

Grazie al mio lavoro ho conosciuto delle persone
davvero geniali. In poche lo sapevano
già, alcune lo hanno scoperto da poco,
altre lo stanno capendo solo adesso.
Le loro parole mi hanno spesso illuminata e ispirata.
Tra le pagine di questo libro ho voluto condividere e
rielaborare alcune delle loro storie.

Introduzione

Ho pensato a questo libro come a una macroguida per "farcela" nella vita quotidiana.

Farcela, sì.

Non performare, guarire o diventare tuttologi in psicologia.

Nell'affascinante complessità della Scienza della Mente, nell'infinito mare di teorie e nozioni psicologiche, questo libro non vuole aggiungere nient'altro alla storia della disciplina. Al contrario: vuole togliere.

Togliere il superfluo per farci orientare meglio all'interno della nostra psiche e delle nostre relazioni.

A dispetto di chi considera la psicologia una scienza di élite e la mente un'entità imperscrutabile, il mio modo "scortese" di fare psicologia ha l'obiettivo di metterci tutti di fronte alla disarmante semplicità dei fenomeni mentali, avvicinando alla salute psicofisica anche i più timorosi e scettici, attraverso spunti concreti e applicabili fin da subito.

Non serve leggere ogni libro di Freud, né aspettarsi

un colpo di scena tra i nostri ricordi, come nel migliore dei thriller anni Novanta.

Serve innanzitutto cavarsela. Cosa che, ahimè, non è facile neanche per chi Freud l'ha letto tutto.

Per questi motivi ho sentito il bisogno di dare vita alla Psicologia Scortese, un progetto nato dalla mia voglia di fare divulgazione in maniera diretta e semplice, pur prestando attenzione a non banalizzare e a prendere le distanze da quel tipo di psicologia dai toni ovattati e dai virtuosismi teorici, ben poco applicabili alla vita di tutti i giorni.

Con *Il metodo Scortese* voglio svelare che la psicologia non è solo interpretazione di sogni e diagnosi di narcisismo: la psicologia può essere anche "Scortesia".

- Scortesia intesa a LIVELLO SOCIALE: la nostra salute mentale è un cocktail fatto da diversi ingredienti dove è importante non sottovalutare anche il peso del contesto sociale; la Scortesia ci serve a mettere in dubbio "ciò che è sempre stato così", senza avere timore, se necessario, di rompere stereotipi e luoghi comuni;
- Scortesia intesa a LIVELLO INDIVIDUALE: un focus sulla propria persona, utile per coltivare l'assertività, restare in ascolto dei propri bisogni e imparare a dire "no", anche a costo di sembrare scortesi.

Questo libro può essere utile a chi sta bene, ma anche a chi sguazza nel disagio, a chi pensa di fare tutto giusto o a chi sente di non essere proprio a posto in questa cosa che è la vita.

Attraverso le pagine il lettore potrà conoscere meglio come funziona la mente, provando a mettersi in gioco fin dal primo capitolo, con riflessioni ed esercizi pratici, presentati con un linguaggio diretto e di facile comprensione.

A tal fine, i diversi capitoli sono suddivisi per ambiti di interesse pratico, più che per nomenclature diagnostiche. Ho preferito raggruppare delle macroaree da analizzare sulla base delle richieste che ricevo spesso nella mia esperienza clinica e nel mio lavoro di divulgatrice. La Psicologia Scortese, quindi, può esserci utile nell'affrontare i nostri pensieri, nel rapporto con il nostro corpo, sul lavoro, nelle relazioni con gli altri, in famiglia e nel generale mantenimento del nostro equilibrio quotidiano.

Metterò da parte gli aforismi dei grandi pensatori, per dare spazio a metafore pop prese dalla quotidianità e citazioni di film noti. Userò riferimenti di facile impatto, ma con alla base solidi rimandi scientifici.

Insomma, questo libro serve a FARE salute mentale.

E, per avere una buona salute mentale, a volte serve spogliarsi del superfluo, fare ordine e mettersi in gioco.

Alla fine di questo libro non sarai una persona nuova.

Non avrai raggiunto la forma fisica perfetta, non avrai trovato il partner giusto. E, quasi sicuramente, continuerai a essere incoerente, sbagliare, cambiare idea, procrastinare.

Ma, con buona probabilità, alla fine di questo libro riuscirai a capire meglio chi sei e quali sono i tuoi reali bisogni.

Smettendo di perdere tempo su tutto il resto.

Perché alcune volte, per stare meglio, basta solo essere Scortesi.

1
Che cos'è la Scortesia?
Sii scortese, sempre

Diario scortese - Iniziare male

Quando sono diventata psicologa la mia voglia di comunicare era così grande che, fin da subito, mi sono tuffata anch'io in quel vastissimo oceano che era la divulgazione online. Provavo a galleggiare inconsapevole in quel mare di cortesia, positività e modelli ispirazionali. "Fa' come me", "Amati", "Migliora la tua forza di volontà".

Lo facevano tutti e, quindi, provavo ad abbracciare anch'io quell'approccio performativo al benessere che tanto andava di moda, ma che poco realmente diceva della vita, delle persone e di me stessa.

Io provavo davvero a essere come avrei dovuto, convinta che ostentare una vita perfetta, confezionata con frasi motivazionali dai toni ovattati e compassionevoli fosse l'unico modo possibile di fare psicologia.

Mi sbagliavo.

Dico parolacce, sono incostante, convivo con l'ansia fin da quando ero bambina: come potevo essere credibile nei panni di un modello così tanto diverso da me?

Spoiler: è durata pochissimo.

Giorno dopo giorno, mi scontravo con un modo di fare psicologia che diventava sempre più insostenibile.

Il tailleur da psicologa perfettina iniziava davvero a starmi troppo stretto.

E allora, un giorno, ho provato a sbottonarlo, a mettere le sneakers al posto dei tacchi e a sostituire tutti i "fai come me" con la speranza che gli altri possano fare decisamente meglio di me. Perché, alla fine, surfiamo tutti su diverse ondate di schifo e questo non risparmia nessuno, neanche una psicologa.

Una psicologa può passare giornate intere sul divano.

Una psicologa può bere birra e mangiare cibi fritti.

Una psicologa può avere una vita imperfetta.

Non voglio più nascondere il mio modo di essere, non voglio più portare la colpa di essere… cosa? Umana? Forse non potrò mai ispirarvi, ma posso farvi compagnia. Del resto, abbiamo ancora bisogno di modelli così perfetti e irrealistici?

Anche quando il resto del mondo mi suggeriva di essere uguale a tanti altri, io ho voluto salvare la mia autenticità e provare a cambiare le cose, a costo di creare qualche rottura.

A costo di sembrare "scortese".

C'era una volta la divulgazione

La divulgazione online è un fenomeno abbastanza giovane e, come tutti i giovani, si sa, non ha mancato di fare errori. Del resto, da qualche parte si doveva pur iniziare.

La divulgazione l'ha fatto trasmettendo nozioni, tecnicismi, linee guida, generalizzazioni: un bombardamento divulgativo grazie al quale molte persone si sono avvicinate a materie a loro sconosciute e altre ne hanno tratto profondo beneficio. Anche per noi professionisti è stato di discreto aiuto, ha permesso di confrontarci all'interno di un contesto già alfabetizzato.

Tutto molto bello.

Peccato che tutto questo si sia trasformato alla svelta in qualcosa di diabolico: un'attenzione estrema al dettaglio, al confronto, alla ricerca di standard sempre più irraggiungibili. La salute è diventata ansia, ossessione per la misurazione, per il controllo, per la perfezione, evolvendosi spesso anche in una feroce caccia alla diagnosi.

Dell'altro, ovviamente.

Parlare di salute ci porta a scontrarci spesso con l'affanno e il sapore amaro del senso di inadeguatezza. E il rischio è quello di trasformare il dialogo in un discorso la cui morale finale è sempre "non faccio mai abbastanza".

In un mondo fatto di *challenge*, di #faicomeme e di

dottrine sul benessere, a metterci il suo bel carico arriva anche la psicologia.

Perché salute mentale è avere uno stile di vita attivo, incrementare il proprio *work life balance*, mangiare sano, meditare, coltivare gli affetti, dormire otto ore al giorno, e guai una volta a dormirne sette o dieci!

Salute mentale è essere felici, fare le scelte giuste, avere tutto sotto controllo.

Anche le emozioni, sì, controlliamo anche loro. Mi raccomando, solo emozioni "positive", perché è importante essere felici sempre, schivare a priori la gente "tossica", gli ambienti "tossici", le emozioni "tossiche": scacciamo via la tristezza, la paura, la rabbia.

Cancelliamo tutto, controlliamo tutto.

Perché stare male è da deboli, perdere il controllo è da deboli. E noi dobbiamo essere forti. Dobbiamo essere forti e felici, sempre.

Calmiamoci.

In questa gara di corsa verso la felicità "in 5 step" o ridondanti slogan di ottimismo ottuso, l'unico vero traguardo che poi raggiungiamo è ritrovarci senza fiato.

E perderci.

Dove sono io?

Potrò mai fermarmi a respirare?

Ora sì.

Puoi fermarti a respirare.

D'ora in poi non dovrai più affannarti.

A che cosa non serve la Psicologia Scortese

La Psicologia Scortese non punta a migliorarti; non ce n'è sempre bisogno.

La Psicologia Scortese non vuole venderti vite, pensieri ed emozioni perfette.

La Psicologia Scortese ti ricorda che PUOI FARE SCHIFO.

E permetterti di fare schifo ti regalerà quel potenziale infinito per vivere la vita che vuoi.

A che cosa serve la Psicologia Scortese

La Psicologia Scortese ti aiuta a essere ciò che vuoi, perché puoi essere la versione migliore di te, ma puoi anche non esserlo e va bene lo stesso.

La Psicologia Scortese serve a smascherare tutti quelli che provano a farti sentire inadeguato o non abbastanza, e hanno la presunzione di salvarti attraverso, pensa un po', il LORO metodo.

E se, invece, facessi di testa tua?

La Psicologia Scortese ti aiuta a salvarti da solo. Come?

Abbandonando i tecnicismi da élite e sporcandoti

le mani con la vita di tutti i giorni. Estrapolando riflessioni profonde da banalità pazzesche, prescrivendo esercizi pratici e creando mappe per non perderti tra pensieri inutili, emozioni impreviste o disagi frequenti.

Non dire più

- *«Devi essere felice sempre.»* La felicità è un'emozione e come tutte le emozioni ha un inizio e una fine. Non si può essere felici sempre, rassegnati.
- *«Non piangere, devi essere forte.»* Essere forti significa quindi reprimere le proprie emozioni? Non penso proprio.
- *«Sono triste, cosa c'è che non va in me?»* Colpevolizzarti per le tue emozioni, ecco cosa c'è che non va. Essere triste a seguito di un evento spiacevole, al contrario, dice che le tue emozioni stanno funzionando bene.
- *«Come posso controllare le mie emozioni?»* Le emozioni non si controllano, né si cancellano a comando. Posso cambiare il comportamento per esprimere quell'emozione, ma non l'emozione stessa. In quella tocca starci.

La Psicologia Scortese è un modo di fare psicologia che abbandona il paternalismo dai toni smorzati e propone invece di affrontare la salute mentale in modo diretto e senza troppe formalità.

In questo contesto la "Scortesia" è ben lontana

dall'autorizzare insulti, bullismo o violenza di vario tipo.

– Scortesia significa lotta agli stereotipi e ai principali luoghi comuni per vivere in armonia con gli altri, senza temere di creare qualche rottura;
– Scortesia significa restare in ascolto dei propri bisogni e imparare a dire "no", anche a costo di sembrare scortesi.

LA PSICOLOGIA SCORTESE FARÀ IN MODO CHE TU POSSA ESSERE LA VERSIONE AUTENTICA DI TE STESSO.

Ma che cos'è questa autenticità?

Va molto di moda questa cosa dell'autenticità: crediamo che sia il passe-partout per affrontare tutte le situazioni sociali e la promuoviamo in ogni ambito. In effetti, essere autentici aiuta a vivere al meglio la propria vita in ogni contesto che frequentiamo.

Ma la questione dell'autenticità è un tema spesso oggetto di fraintendimenti. Confondiamo l'autenticità con l'ostentazione di un atteggiamento schietto oltre gli umani livelli di empatia, con un comportamento sfacciatamente informale e ignaro di confini e volontà altrui. Erroneamente pensiamo che per essere davvero autentici sia necessario comportarsi allo stesso modo ovunque e con chiunque, a prescindere dal contesto: non importa che tu sia al mare o sul luogo di lavoro, tra amici o in una situazione ufficiale; se sei autentico, sei te stesso e te ne freghi, a prescindere da tutto.

Spesso confondiamo l'autenticità anche con concetti più insulsi: crediamo che per essere autentici basti semplicemente rinunciare a tutti i filtri socialmente utili, ignorando il punto di vista degli altri e senza mai mettere in dubbio ciò che pensiamo. Così, in nome di questa supposta autenticità, giustifichiamo la nostra invadenza, la nostra presunzione e la nostra ignoranza.

È vero: autenticità è essere se stessi e comportarsi in linea con ciò in cui si crede. Ma essere delle persone autentiche non significa esprimere tutto ciò che ci passa per la mente, non significa ostinarsi a non voler cambiare mai in nome del «sono fatto così».

Essere autentici non ci esonera dall'impegnarci con noi stessi e con gli altri.

Essere autentici è molto più di un inno alla rigidità cognitiva o alla sincerità a tutti i costi. Se quando eravamo piccoli per sentirci autentici ci bastava solo non dire le bugie, adesso, da adulti, ci sembra una sfida sempre più ardua. Una persona autentica deve, sì, essere capace di esprimersi in modo diretto, ma non basta solo parlare chiaro.

L'autenticità può assumere diverse forme a seconda dei contesti di cui facciamo parte e questo non significa essere falsi o ipocriti, ma significa riconoscere che in noi sono presenti molte sfumature ed è importante trovare il proprio modo per accoglierle in tutti i diversi ambiti che frequentiamo.

Ma quindi come si fa a continuare a essere se stessi

e, al tempo stesso, tener conto del mondo intorno e della sua inevitabile influenza sulla nostra persona?

Per coltivare una reale autenticità è necessaria una consapevolezza di sé molto più profonda e onesta. Per essere davvero autentici, ci deve innanzitutto essere una reale conoscenza di ciò che pensiamo e di ciò che sentiamo. Qualcosa che è, al tempo stesso, banale e difficilissimo. Ascoltarsi è da molti considerato un lusso che non sempre ci si può permettere.

Ma è solo ascoltandoci che potremo davvero togliere tutte quelle maschere che indossiamo con noi stessi e con gli altri ed essere davvero la versione autentica di noi. Serve compiere azioni autentiche, volte alla nostra personale espressione.

L'autenticità, quella vera, è la chiave per farcela in tutti gli ambiti della nostra vita.

Wanna be Robot

Crediamo spesso che avere una buona salute mentale implichi e comporti raggiungere la perfezione in tutti i campi della vita: dalla qualità dei nostri pensieri ed emozioni, al benessere psicofisico, al lavoro, alle relazioni, al rapporto con la famiglia.

Anche quando andiamo dalla psicologa puntiamo a essere "giusti" e desiderabili ai suoi occhi, le diciamo quello che vuole sentirsi dire, vergognandoci spesso dei nostri pensieri più intimi.

L'obiettivo della terapia ci sembra essere il raggiungimento di quel livello di benessere sufficiente per sentirci autorizzati a vivere nel mondo.

Del resto, stare bene vuol dire fare tutto in modo "giusto", no?

Ma "giusto" per chi?

Cresciamo nella convinzione che lo scopo delle nostre vite sia raggiungere risultati: diventare efficienti come un robot, in grado di eseguire i compiti in modo puntuale, portare sempre a termine tutto, con precisione e rapidità e, per giunta, con un outfit sempre impeccabile.

Ci affanniamo inutilmente provando a emulare quello che crediamo sia l'unico modo di stare al mondo: un automa che macina azioni, decisioni, piani e obiettivi, per fare sempre la cosa giusta, senza mai perdersi o esitare.

Un robot che fa tutto giusto.

Ma avete mai sentito che brutta voce hanno i robot?

Vogliamo davvero che quella voce metallica, impersonale, di certo efficiente, sì, ma monocorde ci accompagni per tutta la vita? Non è il caso di lasciare spazio alla nostra, di voce, imperfetta, a volte stridula, ma sicuramente autentica?

Perché, no, non saremo mai quel robot e alla fine della vita non ci verrà dato alcun premio per la perfezione.

E neanche per la "coerenza" dei nostri percorsi, per

il girovita più stretto, per la laurea senza alcuna bocciatura, per non esserci persi in relazioni inutili o in attività senza senso.

Possiamo rilassarci e mollare pure quel telecomando che usiamo per controllare tutti i nostri passi. Possiamo cambiare idea, sbagliare, perdere tempo, provare emozioni che non avevamo considerato.

Il percorso della propria vita non ha mai un andamento lineare, ma tutte le variazioni ci saranno utili per scoprire che colore ha la nostra voce e conoscere al meglio la nostra autenticità.

Scortesia è essere come ci va, non come dovremmo.

Scortesia è essere noi stessi, riconoscerci anche quando facciamo cose non sempre giuste.

Anche quando non siamo speciali.

«La più consistente scoperta che ho fatto, pochi giorni dopo aver compiuto sessantacinque anni, è che non posso più perdere tempo a fare cose che non mi va di fare.»

JEP GAMBARDELLA
La grande bellezza

Esercizio 1 – Un viaggio nel futuro

Ti bastano:

- *Immaginazione in abbondanza*
- *Travelgum per eventuali vuoti spaziotemporali*

Per questo esercizio prendiamo in prestito la mitica DeLorean, la macchina del tempo di Ritorno al futuro, *film cult degli anni Ottanta.*

Immagina un tempo immobile, una giornata uguale a tante altre, automatismi che si susseguono senza stimoli e conditi da forte apatia. Tutto uguale, tutto come sempre.

Finché, a un certo punto, nel tuo campo visivo non vedi sbucare lui, Doc, lo scienziato di *Ritorno al futuro.*

«Vieni con me, non perdere altro tempo.»

È lei, la famosa DeLorean, l'unica macchina in grado di viaggiare nel tempo. Bella, vero?

Senza troppo esitare, salti subito su. I motori si accendono e i numeri di quel grosso telecomando si susseguono rapidi: inizia il tuo viaggio verso un tempo ignoto.

Appena fuori dall'auto, capisci subito di essere nel futuro. Un futuro che non è domani, non tra un mese e neanche tra cinque anni. Sei in un futuro in cui la forza di gravità e la vecchiaia stanno avendo la meglio sul tuo corpo. Andando oltre i dettagli del tuo decadimento fisico, entriamo subito nel vivo della trasferta. In questo futuro stai per partecipare alla festa del tuo compleanno, un compleanno importante, in cui verrà celebrata la tua vita e la persona che sei stata fino ad allora.

A questa festa, un uomo autorevole, che sembra conoscerti bene, dovrà tenere un discorso su di te: parlerà della tua vita, di ciò che hai fatto e del tipo di persona che sei stata fino a quel momento.

Cosa vuoi che dica quell'uomo?

Il discorso sulla mia vita

Pensa a un discorso celebrativo su di te e su ciò che vorresti fosse la tua vita. Immagina le parole susseguirsi, una dopo l'altra, nella descrizione.

Abbandona tutto il realismo, dimentica quello che *dovrebbe* essere, ma, soprattutto, dimentica ciò che conosci di te e ciò che ti dicono gli altri.

Immergiti solo in quello che *vorresti* fosse quel discorso.

Insomma, vale tutto, anche le cose che «seh, ma figurati se davvero andrà così».

Prenditi del tempo e immagina come ti piacerebbe essere descritto.

«Era una persona libera», «si è sempre battuta contro le ingiustizie», «era molto ricca», «si è sacrificata per noi», «ha viaggiato tanto» eccetera, eccetera.

Cosa si prova a sentire queste parole?

Doc ti fa segno che il vostro tempo è finito: tocca tornare al presente, ma con la promessa di poter riprendere la DeLorean e ritornare al futuro, tutte le volte che vorrai.

Li chiamano "valori"

Quando parliamo di valori pensiamo subito a quei discorsi da gangster dei film americani. O, peggio, a tutti quei luoghi comuni che asseriscono che i giovani non ne abbiano più, ignorando che ci si lamenta della corruzione dei costumi fin dai tempi dell'antica Roma.

Quando ci imbattiamo in questa parola, presupponiamo che i valori debbano essere necessariamente uguali per tutti. E, magari, tutti socialmente ed eticamente riconosciuti come virtuosi.

Non è così. Almeno, non quando parliamo di valori in ambito psicologico.

I valori sono la direzione che guida le nostre scelte e le nostre azioni.

Tecnicamente, hanno origine dalle nostre componenti cognitive ed emotive e si creano mixando le nostre intenzioni con l'ambiente in cui cresciamo e ci troviamo. I valori sono, quindi, qualcosa di personale che definiamo in base alla nostra storia, a ciò che osserviamo e alle nostre necessità e volontà individuali. Potrebbero essere molto diversi da persona a persona.

In teoria, dovremmo, quindi, essere noi a scegliere quali valori perseguire.

Quello che succede, invece, è tutt'altro: preferiamo sguazzare nell'inconsapevolezza, senza fare troppi sforzi. Procediamo in automatico, dando per scontata la direzione della nostra vita e prendendo in prestito valori proposti da altri. Senza chiederci troppo se facciano o meno al caso nostro.

Ed è così che piantiamo il primo seme del disagio.

Una donna realizzata

«Tanto lo volete tutte prima o poi», «una donna non può desiderare altro», «deve essere la tua massima aspirazione». Per alcuni è così scontato che una donna voglia necessariamente diventare mamma che neanche ti prendono sul serio quando, poi, dici che per te non è così. Si va dai classici «cambierai idea», «poi te ne penti» fino al mio preferito: cercare delle spiegazioni, qualcosa che giustifichi questa mia "deviazione", che so, un trauma infantile, il rapporto con mio padre, qualcosa che spieghi il mio essere "diversa" dalla loro aspettativa.

La verità è che io proprio non ce l'ho. Agli inizi provavo a fare mio quel valore, provavo a immaginare la mia vita con un figlio. Ma, puntualmente, ogni volta che ci pensavo non potevo fare altro che notare quanto poco sentissi mia quella situazione. Mi sentivo colpevole, diversa, mi dicevano «egoista». Allora reggevo la finzione, prima fra tutti con me stessa. "Magari col tempo mi viene" pensavo.

E, invece, più passa il tempo, più ne sono convinta. La verità è che la mia vita a me piace così. Le mie relazioni, la mia routine, la mia indipendenza. Mi sento già a posto. Non mi interessa diventare madre. Punto. E, ve lo giuro, questo non mi fa sentire meno realizzata. Il valore della genitorialità non è così totalizzante in me da prevalere su tutti gli altri valori che ho.

Diventare adulti è anche smettere di seguire dei valori che non sono i tuoi.

Prendere consapevolezza dei propri valori personali è una gran cosa. Ci evita di arenarci nel confronto sociale, nella frustrazione e nel senso di inadeguatezza.

Esercizio 2 - Quali sono i miei valori?

In questo viaggio nel futuro alla scoperta dei valori, ti chiedo un ultimo sforzo, non di immaginazione, ma di sintesi.

Riprendi quel discorso celebrativo su te stesso per dare un nome ai tuoi valori.

Così:

È una persona

- *Libera: libertà*
- *Creativa: creatività*
- *Materna/paterna: generatività, accudimento*
- *Dedita al sacrificio: sacrificio*
- *Sempre disponibile: altruismo*
- *Orientata al benessere dei propri cari: famiglia*
- *Compagnona, divertente: amicizia*
- *Che si è sempre vestita bene: eleganza, apparenza*
- *Che si è sempre battuta contro le ingiustizie: giustizia*
- *Che ha sempre cercato ricchezza e beni materiali: ricchezza, materialismo*

Ricorda: ognuno ha i propri. Non necessariamente i nostri valori devono essere approvati da tutti o riconosciuti come validi o virtuosi.

Ricorda, ancora: il viaggio è nel futuro, non nel passato. I valori sono tuoi, scelti sulla base di ciò che *vuoi essere*, non di ciò che *sei stato*. Puoi avere il valore della libertà anche se fino a oggi sei stato prigioniero. Riconoscerlo ti aiuterà a raggiungere ciò che ancora non hai.

Diventando consapevoli dei nostri valori abbiamo più possibilità di fare ciò che ci va e di esprimerci in maniera più autentica e consapevole.

La coppia che scoppia: valori e obiettivi

Capita di fiondarsi su obiettivi di vita senza neanche saperne il perché. Capita più spesso di quanto possiamo immaginare: ci vogliamo laureare perché ci hanno sempre detto che è giusto farlo; diamo spesso per scontati il lavoro, il matrimonio e tanti altri traguardi, senza troppo domandarci se davvero ci traghetteranno alla vita che vorremmo o, semplicemente, a un inferno socialmente approvato.

Senza chiederci davvero se è ciò che vogliamo raggiungere.

Perseguiamo certi obiettivi perché è giusto, perché lo fanno tutti. Finché, un giorno, ci ritroviamo improvvisamente in vite non nostre, a fare i conti con il tempo che, spietato, ci sbeffeggia.

La procedura corretta dovrebbe essere la seguente: prima, capire quali sono i nostri valori, poi, in base a questi, scegliere i nostri singoli obiettivi.

Invece, sprezzanti del pericolo, ci buttiamo a occhi chiusi in piani di vita dalle trame insensate, non risparmiandoci poi la caduta in drammi, confusione e crisi esistenziali. Perché le crisi fanno questo: all'improvviso ti svegliano e ti dicono che ciò che fai è in contrasto con ciò che vuoi.

Un bel casino, poi.

Per questo è molto importante essere consapevoli della differenza tra valori e obiettivi.

I valori sono la direzione ideale verso cui scegliamo di far tendere le nostre azioni. Gli obiettivi sono i singoli traguardi pratici che ci prefiggiamo per esprimerli, in base alle nostre possibilità.

Possono esserci tanti obiettivi per ciascun valore.

Per esempio:

Valore: accoglienza.

Obiettivi possibili:

- Fondare un'associazione

- Rispondere sempre al telefono quando qualcuno mi cerca

- Partecipare a un progetto di accoglienza all'interno della mia azienda

- Fare un'attività di volontariato una volta al mese

- Offrire ospitalità ai miei cari, le volte in cui ne hanno bisogno

- Aprire un ristorante

- Gestire un hotel

... e tantissimi altri ancora.

Quali obiettivi scegli per esprimere i tuoi valori?

Il mio tiro da tre

Dopo l'incidente, il buio più totale. Lacrime, stress, visite mediche anche molto invasive. Poi, una realtà dal sapore amaro: «non puoi più giocare a basket».

Mi è crollato il mondo addosso, lo sport era tutto

per me, fin da quando ero bambina. Non potevo permettermi di essere arrabbiata, mi dicevano che dovevo essere grata e felice, che era un miracolo che fossi ancora viva… ma si è davvero vivi senza poter più fare ciò che si ama?

Mi faceva male. Tanto. Ho sempre voluto essere una persona sportiva, ho sempre dedicato allo sport una fetta importante della mia vita. Era quello che mi buttava giù: amare lo sport e non poter più giocare. Dopo molte notti insonni e diversi appuntamenti con la psicologa, mi sono chiesta: siamo sicuri che questo mio valore possa esprimersi solamente nella maniera che già conosco? Esistono altre modalità per essere una persona sportiva? Dove posso esplorarle?

È il tiro da tre più difficile della mia vita: fare in modo che lo sport faccia ancora parte delle mie giornate. Non ho più giocato a basket nel modo che conoscevo prima, ma ho esplorato tante altre nuove strade per continuare a essere una persona sportiva. Adesso mi sento al posto giusto, ho ritrovato quelle emozioni che cercavo, ho imparato nuove sfide. Una partita sudata, ma posso dire di aver fatto canestro.

Mettiamolo in chiaro fin da subito: seguire i nostri valori non ci tutelerà dal ricevere delusioni.

Se per conoscere i nostri valori abbiamo dovuto viaggiare nel futuro, per stabilire come esprimerli ci tocca, invece, avere i piedi ben saldi nel presente. È importante anche per il futuro: conoscere i nostri valori ci servirà a guidarci nelle decisioni della vita con più lucidità.

Ma, quando scegliamo gli obiettivi, è importante ricordare che il loro raggiungimento non dipenderà esclusivamente da noi e dal nostro impegno. Il risultato finale sarà influenzato anche da una serie di altre *variabili-disagio* sulle quali non abbiamo sempre potere o controllo. È importante tenere conto delle proprie condizioni di partenza, del proprio stile di vita, delle proprie possibilità.

Per la definizione degli obiettivi è necessario, quindi, un bel bagno di realtà. Giusto per ottimizzare i tempi e ridurre quanto basta la frustrazione.

Vivere secondo ciò in cui si crede è diverso dall'ottenere sempre ciò che si vuole. Il raggiungimento di alcuni obiettivi presuppone strumenti e privilegi che non sempre possiamo avere. Nonostante tutti ci dicano «se vuoi, puoi» tocca, comunque, scontrarsi con i limiti delle nostre azioni e possibilità.

Ci sono degli aspetti che non dipendono esclusivamente da te. Quindi: insegui i tuoi sogni, ma fallo a occhi aperti.

Se vuoi, puoi... impegnarti

I valori ci ricordano qual è il focus prioritario delle nostre azioni, la direzione che guida ciò che vogliamo fare. Ma avere un valore può significare porsi obiettivi anche molto diversi tra loro. Alcuni destinati a fallire.

La buona notizia è che i valori no, quelli non può toglierceli nessuno.

Vivere secondo i propri valori significa fare in modo

di concretizzarli con i mezzi e le possibilità che abbiamo a disposizione. Quindi, anche se abbiamo fallito nel raggiungere un traguardo, possiamo trovarne un altro, impegnarci nel perseguirlo, e così altri ancora, per continuare a esprimere quel nostro specifico valore.

Se amo lo sport, ma non posso praticarlo nel modo convenzionale, posso esplorare altri modi per farlo.

Se voglio vivere secondo amore, ma non ho un partner, posso dare e ricevere amore anche oltre una relazione romantica.

Se ho una passione per la cultura, ma non posso permettermi di pagare le tasse universitarie, continuerò a studiare e informarmi, a prescindere dal titolo di studio che otterrò.

La consapevolezza della nostra direzione ci permetterà di ridefinire e orientarci di volta in volta su nuove azioni possibili.

Conoscere i nostri valori ci aiuterà nello scegliere i nostri obiettivi, provare a perseguirli, consentendoci anche di disobbedire tutte le volte in cui sarà necessario ricalibrare meglio le nostre azioni.

In gergo scortese, li chiamiamo “Disobiettivi”, cioè obiettivi disobbedienti, per ricordare che è necessario approcciarsi a essi con flessibilità e spesso ridefinendoli.

Si può cambiare idea.

Fare un viaggio ogni tanto sulla nostra personale macchina del tempo può esserci utile per rinnovare i valori, quindi la direzione della nostra vita. Ma serve, poi, tornare nel presente per rivalutare priorità e obiettivi e continuare ad agire in maniera concreta, autentica e fedele a se stessi.

Serve smettere di perdere tempo in tutto ciò che non è importante.

Grazie ai valori possiamo provare a essere e fare ciò che vogliamo.

PER SEMBRARE GENTE CHE NE SA

Una brutta parola: assertività

Quando dico la parola «assertività» la gente attorno a me sfoggia un'espressione di terrore mista a incredulità. Per molte persone assertività significa accondiscendenza, oppure aggressività, oppure autorevolezza.

Nulla di tutto questo.

La parola assertività deriva dal latino *ad serere* (intrecciare), e significa asserire, affermare se stessi. Stop. Assertività non significa altro che far valere le proprie intenzioni, comunicarle, esprimerle. Ovviamente, rispettando anche quelle altrui.

Molti teorici hanno approfondito e aggiunto innumerevoli cose a questo tema, tanto da farlo risultare ancora oggi attuale, al punto da farvi fare sempre un figurone quando ne discutete senza cognizione durante i vostri colloqui di lavoro.

Si può comunicare in modo assertivo, ci si può comportare in modo assertivo e, volendo, si può anche fare una carbonara in modo assertivo.

Praticamente, assertività è fare ciò che si vuole, senza subire, pretendere, prevaricare sugli altri... Vi ricorda per caso la "scortesia"?

Il mondo è mio! Ma non tutto...

Riepilogando. Adesso che ho fatto chiarezza sui miei valori, so quale direzione devono avere la mia vita e le mie azioni, ora che so approcciarmi ai miei obiettivi pratici con realismo e flessibilità, magari provando anche ad applicare questa cosa dell'assertività... Posso partire, il mondo è mio!

Messo in spalla il nostro bello zainetto pieno di valori, usciamo alla conquista del mondo, in direzione dei nostri obiettivi. Procediamo saltellando con orgoglio, percorrendo la strada scelta, aspettandoci che, da un momento all'altro, tutti gli altri riconoscano l'importanza di ciò che stiamo facendo.

E, invece, non succede niente.

> *Perché nessuno mi vede? Perché nessuno riconosce quello che sto facendo, la strada che sto percorrendo? Perché nessuno mi dice «grande, ottima direzione, vedrai che spaccherai»?*
>
> *Perché per alcune persone sono trasparente?*

Anche quando ci armiamo di coraggio e decidiamo finalmente di mostrare al mondo intero chi siamo e qual è la nostra direzione, potremmo comunque venire ignorati da chi sta attorno a noi. Sì, anche se camminiamo saltellando.

> **Reminder scortese.** Non lo fai per avere un applauso.

I valori servono a ricordarci la direzione della nostra strada, non a garantirci riconoscimento assoluto mentre la stiamo percorrendo.

I valori sono la direzione del TUO navigatore.

Tocca viaggiare, tocca scegliere il percorso, cambiarlo spesso, cambiare compagni di viaggio. E questo significa incrociare sulla nostra stessa strada tante persone, molte delle quali andranno da tutt'altra parte.

"Ci salutiamo dal finestrino."

Non puoi portarli tutti con te.

Si condivide un pezzo di strada, dei pasti, delle emozioni, a volte un sentimento.

Ma non riusciremo a portarli tutti nella nostra stessa direzione. Così come non ha senso cambiare meta solo per ottenere finalmente approvazione e riconoscimento. Chi cambia la propria direzione per seguirne una decisa da altri, inevitabilmente, si perde.

Le persone che troverai sulla tua strada, quelle a cui sei più legato di altre, non sempre potrebbero capire dove stai andando.

Ma questo non renderà il tuo viaggio meno ricco o avventuroso.

Una voce fuori dal foro

In una famiglia di avvocati e docenti universitari, io sono l'unico artista.

Prima era un segreto, un passatempo proibito all'interno dei miei studi. Poi, è diventato un hobby, un'attività da coltivare nei ritagli di tempo, qualcosa da fare qua e là in un percorso di vita già segnato a priori. "I disegnini" li chiamava mio padre. Mentre frequentavo Giurisprudenza, la mia creatività mi ha fatto spesso sentire solo e poco compreso.

Fortunatamente solo a casa. Gli amici conosciuti alle fiere, i colleghi dei corsi di illustrazione e persino sconosciuti sul web mi nutrivano di quel supporto e riconoscimento che nel mio mondo "ufficiale" non potevo trovare. Con loro avevo la sensazione di essere davvero nel posto giusto.

A casa non potevano capirmi, non avrebbero potuto. Ma in altri contesti, per fortuna, sì.

E, anche adesso che le illustrazioni sono diventate il mio lavoro, per mio padre continueranno a essere sempre solamente dei "disegnini".

«Come hai detto che si chiama quello che fai?!»

Impostare l'indirizzo nelle mappe non ci tutelerà da incomprensioni ed equivoci.

I nostri valori non sempre potranno essere riconosciuti da tutti. Spesso verranno ignorati, poco capiti e, a volte, anche sminuiti o derisi. Anche quando mosse da buone intenzioni, le persone attorno a noi non riusciranno sempre a riconoscere ciò in cui crediamo. E non sempre si ricorderanno il nome di ciò che facciamo, l'obiettivo del nostro progetto, non sempre capiranno le nostre scelte. E, anche quando succederà, non è detto che lo faranno nel modo in cui vorremmo.

Potrebbe farci male, farci sentire soli, soprattutto se a non riconoscere la nostra strada sono proprio le persone che amiamo o frequentiamo di più.

Ma, per fortuna, al mondo non esistono solo le persone a cui vogliamo bene. Ne troveremo tante altre, sconosciute, ma che, paradossalmente, potrebbero farci sentire meno "soli", "strani" o "inadeguati", almeno nel percorrere la nostra strada. Trovare dei compagni di viaggio con i nostri stessi valori ci farà smettere di voler ottenere riconoscimento da chi non può proprio darcene.

Per tuo padre saranno sempre dei "disegnini".
Puoi comunque passare dell'ottimo tempo con lui, coltivando altre dimensioni all'interno della vostra relazione.

Continuare a camminare lungo la strada dei valori e trovare compagnia in chi condivide la nostra stessa direzione, alla lunga ci farà smettere di provare risentimento e frustrazione verso chi, pur viaggiando al nostro fianco, continuerà a non capirci. Spesso anche solo perché non può.

Therapy spoiler. Non puoi portarli tutti con te, ma puoi continuare a godere della loro compagnia e affetto, mentre cammini per la tua direzione.
In altre parole: smettila di ostinarti a cercare riconoscimento in tutti i tuoi compagni di viaggio. Scommettiamo che il peso del tuo bagaglio sarà molto più leggero?

È difficile accettare che le persone a cui vogliamo bene potrebbero non comprenderci a fondo nelle nostre personali scelte di vita. Provare a ottenere il loro riconoscimento è umano, anche se molto faticoso e dagli esiti incerti.

Diventa ancora più faticoso quando proviamo a estendere questa ricerca disperata a tutte le persone che incrociamo sulla nostra strada, come una rete a strascico che portiamo sempre con noi, trainandola senza mai mollare la presa, in attesa di pescare consensi di ogni tipo. Non importa chi sia l'altra persona, se un amico di sempre o uno sconosciuto, qualcuno che stimiamo o che disprezziamo, ci basta raccattare qualsiasi tipo di approvazione in questa pesca davvero poco sostenibile.

Ha davvero senso piacere a tutti? Voler compiacere tutti ci allontana da noi stessi, rischia di farci perdere la strada o, nella migliore delle ipotesi, ci fa allungare di un bel po' il percorso.

Scegli la tua nicchia di appartenenza valoriale.
E dimentica di voler piacere anche a chi ne è fuori.

Te lo buco 'sto compiacimento.

In alcuni casi, è proprio il fatto di non essere riconosciuti da alcune persone tanto diverse da noi a confermare, ancora di più, la direzione scelta.

Non piacere a tutti, più che un dramma può essere un ottimo indicatore della validità del tuo valore.

Diranno di te che sei "scortese".
Ma per te non sarà altro che un complimento.

2
Scortesia con la mente
Anche il tuo cervello può sbagliare

Gli slogan del regime

Agli inizi quelle regole mi confortavano, mi sentivo più serena, più sicura di muovermi nel mio spazio. Finalmente un po' di tranquillità!

Poi, però, il controllo è diventato più stretto: il regime mi diceva cosa mangiare, come vestirmi, come comportarmi, quanto spazio prendere. Poco, per inciso, era sempre tutto poco. Tutto sotto controllo.

I vigilanti controllavano ogni mio singolo passo, ogni mio movimento. Se, ogni tanto, emergeva una voce fuori dal coro, se ridevo un po' più forte, se mangiavo qualcosa in più, se esprimevo la mia opinione, era imperdonabile. Doveva essere insabbiato tutto, accantonato in quella cantina blindata nel sottoscala. Ogni giorno di più, il controllo era serrato, punitivo, rigido.

Dicevano che era giusto così, che me lo meritavo. E io ci credevo. Non ci provavo neanche a scappare, non riuscivo a immaginare un posto diverso. Quelle stesse regole, da che erano rassicuranti, giorno dopo giorno hanno iniziato a rubarmi l'aria e anche tutte le mie energie.

Il mio più grande atto di coraggio è stato quando ho iniziato a valutare quelle regole e, timidamente, metterle in dubbio. Giorno dopo giorno ho confutato gli slogan del regime e di quel controllo che tanto mi rassicurava, ma che lentamente mi stava consumando. Finché non ne ho strappato i manifesti e abbattuto i muri. Mi sono ribellata a quella dittatura, finché non è crollata.

Ho iniziato a vivere la mia vita, senza censure, come davvero mi va, a modo mio. Mettendo all'angolo quell'ottuso dittatore, ho finalmente preso possesso di quello spazio. Il mio spazio.

Ma che bel castello

Il nostro spazio interiore è come un castello.

Possiamo farne ciò che vogliamo: possiamo adornarlo con piante, riempirlo con oggetti kitsch, potenziarne il sistema di allarme oppure abbatterne i muri. E tantissime altre cose ancora.

Ciò che si dovrebbe fare è travestirsi da Marie Kondo per mantenere l'ambiente armonico e confortevole, sulla base di ciò che si vuole e ciò che si può, «ciò che ci dà gioia e ciò che va messo da parte». Del resto, alcune volte basterebbe anche solo un po' di *decluttering* per i pensieri che non ci servono più.

Ciò che facciamo, invece, è ben diverso: continuiamo a tenere alle pareti ritratti inquietanti che ci fissano da ogni angolatura; passiamo intere giornate aspettandoci una fiamma dal fornello a induzione; se, per sbaglio, entra una mosca, noi la scambiamo per un Demogorgone; congeliamo i pensieri proibiti e li smaltiamo solo quando sta per esplodere tutto.

Diciamocelo: siamo dei pessimi governanti della nostra psiche. A nostra discolpa, nessuno ci ha mai detto come fare.

Per orientarci all'interno di questo castello caotico e pieno di stanze segrete, crediamo che l'unica soluzione per farcela sia affidarci a un governante dallo stile dittatoriale, qualcuno in grado di darci delle regole rigide, qualcuno che eserciti un controllo stretto e che ci dica cosa va bene e cosa no. Un dittatore, delle leggi e un sistema di vigilanza ci sembrano spesso l'unica soluzione per non perderci all'interno del castello.

Per un po' ci sembra che funzioni: è tutto in ordine e sotto controllo. Peccato che, molto presto, questo spietato governante finisce per prendere il sopravvento, impedendoci di muoverci all'interno del nostro stesso spazio.

E così dimentichiamo una cosa fondamentale: quel castello è il nostro. E le regole le facciamo noi. Non un dittatore, non i nostri genitori, non il guru spirituale del momento.

La psiche è mia e comando io

Non serve un controllore spietato. Non serve qualcuno che ci dica cosa fare.

Serve mantenere gli ambienti mentali agibili e piuttosto confortevoli, tutto qui.

Nel castello che è la nostra psiche, è importante innanzitutto imparare a osservare tutto quello che c'è dentro, da quel vecchio e scomodo divano di famiglia fino alle terribili tende rosse di velluto.

Un giorno capiremo cosa farne. Intanto, è importante abbandonare l'idea che la nostra mente debba essere un posto da favola. Perché no, non lo è.

Il primo passo è osservare tutto quello che c'è dentro, senza aver paura di ciò che potremmo trovare. L'idea è conoscere i nostri pensieri ed emozioni, anche quelli più spaventosi, senza fingere che non esistano. Senza dover ricorrere all'intervento repressivo di un dittatore.

Cosa trovo nella mia mente?

Da un primo giro senza censura capiremo subito una cosa: abbiamo dei pensieri abbastanza brutti. Spesso, anche inutili.

Già, avevamo riposto tante speranze in quel castello fatato e luccicante, pieno di ordine e magia. Ma basta uno sguardo per capire che, più che un castello principesco, ci troviamo nell'hotel di *Shining*.

> Non tutto quello che incontrerai nella tua mente ti piacerà.
> Non sempre sarai orgoglioso dei tuoi pensieri. Non amerai tutte le tue emozioni.

Questo non significa che dobbiamo cancellare, insabbiare e chiudere in cantina tutto quello che non ci piace.

Non dobbiamo fingere che non esista. Non dobbiamo ostinarci nel voler mantenere la nostra mente perfetta e i nostri pensieri belli e veri in modo assoluto.

I pensieri non si cancellano, non si controllano, non si eliminano. Quindi smettiamola di provarci. Solo così potremo poi capire dove posizionarli all'interno del nostro spazio.

L'obiettivo è conoscere ciò che abbiamo dentro, senza giudicarlo in maniera spietata.

Tu non sei i tuoi pensieri.

E il tuo è solo un cervello.

Il cervello è "magico"?

Quando abbiamo dolore ai muscoli, quando sentiamo il cuore in affanno, lo stomaco in subbuglio, quando la gola è infiammata, pensiamo subito che qualcosa nel nostro corpo non vada come dovrebbe. E molto spesso abbiamo ragione.

È cosa abbastanza comune ammettere la possibilità che, alcune volte, il nostro corpo possa non funzionare bene, essere un po' in affanno ed entrare in modalità standby, in attesa della cura.

Ammettiamo senza alcun problema che gli organi del nostro corpo possano non essere al massimo della loro forma o, certe volte, non funzionare proprio benissimo.

Tutti tranne uno: il cervello.

Il corpo può non farcela, ma il cervello, no, lui non

sbaglia mai. Ma perché non applichiamo lo stesso trattamento anche alla mente?

Siamo convinti che il nostro cervello sia sempre sul pezzo. Ok, a volte si stanca un po', ma non mettiamo mai in dubbio i suoi meccanismi, anzi, «ho letto sui social che ne usiamo solo il dieci per cento, sarà vero?».

Non è così.

È vero, per certi versi, il nostro cervello è "magico": ci permette di muoverci, pensare, scrivere, amare, polemizzare e tantissime altre cose. Tutto questo grazie a, solamente, poco più di un chilo di materia. Incredibile, vero?

Ma quando parliamo di cervello e, in generale, quando parliamo dei fenomeni mentali, dobbiamo considerare una cosa, spesso sottovalutata: la mente sbaglia.

Il cervello produce pensieri, ma non tutti sono giusti. Non tutti sono veri, non tutti meritano di essere presi sul serio.

Il nostro cervello spesso non ce la fa. Neanche lui, proprio come noi.

«Senti, il cervello è l'organo più sopravvalutato, io credo.»

ISAAC DAVIS
Manhattan

Non sto parlando di malattie mentali, di deficit cognitivi o di persone con delle strane peculiarità. Gli scivoloni del cervello riguardano tutti, anche chi ha un'intelligenza altamente performante. Il nostro cervello può regalarci soprammobili inguardabili, esposti in bella vista proprio nella stanza principale del castello.

Tutti in cattedra

All'interno dei nostri pensieri ed emozioni, amiamo fare distinzione tra buoni e cattivi.

Col gessetto tra le dita, saliamo in cattedra, tracciando la nostra bella linea verticale sulla lavagna, pronti a segnare i buoni e i cattivi. Adoriamo farlo, che si tratti di persone, pensieri o emozioni. Per stare bene, crediamo che si debba annientare tutto ciò che c'è di cattivo. Via i pensieri "negativi", via le emozioni "negative".

Ma, invece, loro restano. Più proviamo a cancellarli, più li troviamo lì, comodi nella nostra mente. Il nostro esercito di unicorni saltellanti tende a distogliere l'attenzione dalla loro presenza. Ma loro continuano a esistere.

Esiste la tristezza, la rabbia, la paura.

Esiste la pena per le nostre vite a fine giornata, esiste quel pensiero di cui proviamo immensa vergogna e che facciamo fatica a confessare anche a noi stessi, esiste la voglia di mollare tutto e fregarsene degli altri, esiste il bisogno di passare a letto una giornata intera e abbandonarsi alla pigrizia.

Nella nostra mente, le cose negative esistono.

Ma ha davvero senso, poi, chiamarle "negative"?

I pensieri vanno e vengono; non ci rappresentano, neanche quelli che amiamo definire negativi.

Le emozioni hanno una funzione, tutte. Quindi smettiamo di dividerle in positive e negative e proviamo, semplicemente, a capirne il messaggio. Cerchiamo solo di ascoltarle.

Parola d'ordine: semplificare

Dicevamo: in poco più di un chilo di materia il nostro cervello deve tener su tutta la baracca, puntando a farci sopravvivere, in modo che non vada niente in tilt.

Il suo segreto per far funzionare tutto è risparmiare energie. Dove si può, come si può. Energie che poi utilizza spesso in maniera opinabile, tipo conservando in memoria i motivetti di slogan pubblicitari anni Novanta, imparando balli di gruppo di canzoni inascoltabili, producendo intere saghe di film mentali (su questo torneremo più in là nelle pagine).

Per fare tutte queste cose e, fidatevi, per farne tante altre più utili, al cervello tocca iniziare a tagliare corto e semplificare, per risparmiare energie.

E, quindi, ecco che dà il via a interpretazioni a caso, definizioni approssimative, etichette sugli altri e anche su noi stessi.

Le semplificazioni che attua il nostro cervello per evitare di sprecare energie si chiamano "euristiche". Tipo quando non hai voglia di studiare e, allora, decidi di utilizzare dei riassunti ipersemplificati e superficiali, spesso di dubbia provenienza.

Proprio come succede a noi il giorno prima dell'interrogazione, il nostro cervello non ce la fa sempre a studiare tutto: ogni elemento della realtà, ogni stimolo che percepiamo, ogni intuizione che abbiamo. E, allora, vai di scorciatoia, vai di euristica!

Molto spesso questi riassuntoni funzionano.

Ci fanno portare a casa un risultato, impreciso ma accettabile. Quella sufficienza che salva da tante rotture.

Ma ci sono dei rischi. E il rischio più frequente e dagli effetti spesso devastanti è che alcune volte, per semplificare, queste scorciatoie diventano sistematiche ed estremamente vaghe e falsate, dando vita a stereotipi e pregiudizi.

Gli stereotipi sono un po' il nostro personale Bignami applicato a luoghi, oggetti, fatti, gruppi di persone. Li usiamo quando dobbiamo produrre alla svelta un'opinione e non abbiamo voglia o tempo di conoscere tutte le possibili versioni e approfondire in maniera adeguata i dettagli sul tema di cui dobbiamo farci un'idea.

Quando creiamo uno stereotipo diamo molta rilevanza alle nostre singole esperienze personali. Così tanta che, spesso, usiamo solo quelle per spiegare dei fenomeni che, invece, sono per natura molto più complessi.

Ma noi ce ne freghiamo: quella regola ci serve, ci facilita la vita e ci fa risparmiare energie. Non importa se è altamente imprecisa e pregna di pregiudizi.

Conosco un paio di insegnanti che, a mio parere, non sanno lavorare bene → Tutti gli insegnanti non sanno fare il proprio lavoro

Insomma, è un po' come se un medico facesse diagnosi solo sulla base delle puntate di *Dr. House* che ha visto. Capite bene che il risultato non può essere corretto, né esaustivo.

Oltre a essere imprecisi, gli stereotipi comportano una serie di conseguenze su noi stessi, le nostre relazioni e l'intera società.

Questi preconcetti hanno spesso il potere devastante di riprodurre la realtà attesa.

PER SEMBRARE GENTE CHE NE SA

Si chiama "profezia che si autoavvera", ma non ha niente di magico.

Lo psicologo Robert Rosenthal ha voluto studiare le conseguenze delle nostre aspettative attraverso un esperimento diventato molto famoso. All'interno di una classe, si è detto alle insegnanti che da certi test effettuati – ma che, in realtà, non erano mai stati eseguiti – era risultato che alcuni bambini fossero più dotati di altri.

Un anno dopo, i bambini indicati come più promettenti, ma in realtà parte di un gruppo totalmente casuale, hanno mostrato di essere davvero più bravi rispetto agli altri. In pratica, le aspettative positive delle insegnanti verso il gruppo di finti "piccoli geni" avevano contribuito a valorizzare questi allievi. La profezia si era, quindi, autoavverata.

Purtroppo, questa "magia" può avvenire anche in senso contrario: pensare, per esempio, che le donne non siano portate per le materie scientifiche ci fa riprodurre questo comportamento nel rapportarci con bambini e bambine, di fatto, facilitando le condizioni affinché lo stereotipo possa trovarsi confermato. In effetti, le ragazze che scelgono materie STEM (*science, technology, engineering and mathematics*) sono solo una piccola percentuale di quelle che frequentano un corso universitario.

Morale: le aspettative e gli stereotipi che ci creiamo possono avere un effetto anche al di fuori dalla nostra mente. Quindi, sono da maneggiare con estrema cautela.

La mancanza di tempo, di voglia, di energia ci spinge a creare delle regole approssimative che possono avere il potere di influenzare e riprodurre le realtà attese.

Avviene anche quando, queste etichette, le appicchiamo a noi stessi, senza lasciarci troppa possibilità di rimuoverle.

A contribuire alla creazione di queste regole, alcune volte entrano in campo anche le emozioni.

Come posso fidarmi ancora?

Sofia era il mio unico e grande amore. E mi ha lasciato, dopo avermi tradito. Ho sofferto così tanto dopo la nostra rottura che ci ho messo un po' a riprendere in mano la mia vita. Ma, nonostante ora stia andando avanti, sono ancora convinto del fatto che, se lo ha fatto lei, tutte le donne che incontrerò possano lasciarmi di punto in bianco. E, in effetti, anche quel mio collega è stato improvvisamente mollato. Sì, ok, esistono anche partner fedeli e coppie stabili, ma sono delle eccezioni.

Io come potrò fidarmi ancora?

Anche il forte coinvolgimento emotivo ci spinge spesso a generalizzare. E così, da un solo caso, ma per noi emotivamente molto impattante, creiamo una regola.

La nostra attenzione, da brava gendarme del regime, non aiuta: devia solo sui casi che confermano le nostre idee.

Quelle che noi crediamo regole sono, in realtà, il frutto di errori sistematici di ragionamento, anche detti "bias cognitivi".

I bias cognitivi

I bias cognitivi sono dei meccanismi messi in atto automaticamente dalla nostra mente per risparmiare energie nella comprensione del mondo e dei fenomeni. Si tratta di regole sistematiche caratterizzate da rigidità e inflessibilità, che derivano dall'interpretazione selettiva delle informazioni, delle esperienze passate, delle emozioni o delle influenze sociali. Questi errori possono portare a conclusioni distorte o a giudizi irrazionali e possono influenzare il modo in cui percepiamo il mondo e agiamo di conseguenza.

I bias sono quel caldo abbraccio che ci fa restare ancorati alle nostre convinzioni, anche quando sono sbagliate.

Alcuni bias:

"Come volevasi dimostrare..."
Bias di conferma: quando reputo valido solo quello che conferma la mia opinione.
Se sono convinto di aver ragione, selezionerò tutti i casi a conferma della mia idea, tralasciando ciò che invece dimostra il contrario. È il più usato dai politici quando la comunicazione diventa uno strumento per suscitare emozioni e alimentare stereotipi.

"Ho fatto un affare!"
Bias di ancoraggio: quando mi ancoro a un valore di riferimento iniziale che poi utilizzo come l'unico elemento per prendere decisioni, senza considerarne altri.
Questo è il bias preferito dal marketing: se quelle scarpe costavano cento euro, mi sembra un affare pagarle ottanta, anche se il mio budget è comunque inferiore al prezzo proposto e anche se, soprattutto, non pensavo di volerle davvero comprare.

"Tutto mi dice che sarò in pericolo!"
Bias dell'illusione di frequenza: quando mi sembrano più frequenti le informazioni che mi riguardano più da vicino. Se le persone attorno a me parlano del grado di pericolosità della città in cui vivo, mi sembreranno molto più frequenti gli stimoli e le notizie a conferma di questa mia idea, alimentando ulteriormente la percezione iniziale, anche quando le premesse non corrispondono al vero.

"Ma ce la fai?!"
Bias dell'errore di attribuzione fondamentale: quando, per spiegare le intenzioni degli altri, sottovaluto la situazione, dando la colpa esclusivamente a loro caratteristiche interne, senza considerare l'influenza delle circostanze, dell'ambiente esterno e del contesto. Se qualcuno in

macchina mi taglia la strada, penso che sia dovuto alla sua maleducazione, invece di considerare le possibili circostanze a spiegazione del suo comportamento: l'altro potrebbe essere in una situazione di urgenza, potrebbe essere l'unico suo modo possibile per evitare un incidente, potrebbe essere che io mi trovi in una posizione di intralcio.

"Italiani brava gente"
Bias dell'appartenenza al gruppo: quando del mio gruppo tendo a vedere solo le qualità positive e, al contrario, quando valuto gli altri gruppi mi focalizzo esclusivamente sui difetti. Si parte ingenuamente dalle squadre di calcio e si finisce rovinosamente alle etnie e religioni diverse dalla nostra. La mente dei razzisti è totalmente impigrita da questo bias: lo dice la scienza.

"Finto modesto!"
Effetto Dunning-Kruger: meno ne so, più me la credo. Un bias che spinge a sopravvalutare le proprie competenze su un certo tema, quando sono poche. Di contro, più si conosce un argomento, più si è consapevoli della complessità della questione e dei limiti di conoscenza. È per questo che gli ignoranti sono presuntuosi e, invece, molti luminari ci sembrano sempre così modesti.

"Occhio non vede, bias non duole"
Bias di disponibilità: quando mi sembra più probabile un evento di cui sento spesso parlare. Se guardo prevalentemente programmi in cui si allerta su quanto sia rischioso essere coinvolti in un attentato terroristico, sovrastimo le probabilità che si possa verificare, sottostimando altri rischi che invece sono molto più probabili in alcuni posti e situazioni.

Se ci troviamo a fare una valutazione o a prendere delle decisioni è probabile che avremo a che fare con i nostri bias; è una grande fatica provare a non farsene, neanche un minimo, condizionare.

Dobbiamo riconoscerlo: è impossibile essere immuni dai bias.

Questo significa che dobbiamo vivere una vita piena di razzismo, pigrizia mentale, stereotipi e pregiudizi? Certo che no.

Possiamo essere scortesi anche con i nostri stessi pensieri e mettere in dubbio queste regole rigide, imposte per errore dalla nostra mente.

La scortesia punta a non dare per scontate tutte le cose che ci suggeriscono gli slogan del regime, tutte le regole automatiche che ci rassicurano e ci aiutano a pensare meno.

Farcela con la nostra mente significa renderci più consapevoli dei nostri stessi errori di ragionamento e, all'occorrenza, provare a contrastarli.

Tutto questo: cambiando prospettiva.

Siamo esseri umani, limitati e col cervello pigro. Ma non per questo dobbiamo arrenderci ai bias e alla dittatura del controllo. Dobbiamo provarci.

Ce la facciamo a mollare un po' la nostra idea di infallibilità?

Esercizio 1 – Confermi o ribalti i risultati dei tuoi pensieri?

Ti servono:

- *carta e penna*
- *abbondanti dosi di spirito critico*

Siedi al tavolo dello spirito critico e scrivi sul tuo taccuino alcuni tra gli slogan principali all'interno della tua mente.

Un esempio:

«Non sono fatto per avere amici»
«Sono troppo vecchio per certe cose»
«I laureati se la tirano»
«La gente è sempre invidiosa»
«Le donne sono tutte uguali»
«Gli altri provano sempre a ingannarmi»
«Non sono portato per studiare»
«I veri uomini devono essere coraggiosi»

Adesso ti sfido a trovare un caso che ribalti il risultato di ogni tuo singolo slogan.

Riesci a trovarne almeno uno per ogni pensiero?

I nostri pensieri possono essere *confermati o ribaltati* dal nostro spirito critico.

Lo spirito critico serve a chiederci di volta in volta se sia il caso di dare spazio alle nostre idee viziate. Farlo ogni volta che ci troviamo di fronte a un nostro pensiero è una faticaccia!

Ma, più siamo consapevoli dei nostri errori di ragionamento, più sarà facile per noi riconoscerli e confutarli.

Cambiare prospettiva arricchirà di sfumature la nostra realtà. E ci guadagneremo tutti.

Non dire più

• *«Mi piacerebbe, ma non è per me.»* Le cose che ti piacciono sono le cose per te. E possono cambiare nel corso del tempo.

• *«Ho una visione oggettiva.»* Tutto è filtrato dal nostro modo soggettivo di vedere le cose. Non esiste l'oggettività, accettalo.

• *«A pensar male si ha sempre ragione.»* Ma ti è sempre utile provare ad aver sempre ragione?

• *«Dico solo quello che penso!»* Alcune volte potresti pensare male; consideralo prima di condividere ciò che pensi con gli altri.

Cercasi certezza disperatamente

Abbiamo visto che il cervello sbaglia spesso e anche le nostre idee sul mondo e su noi stessi sono, in realtà, facilmente ribaltabili.

Ma allora perché perdiamo così tanto tempo nel darci regole e definire cose? È come se i nostri occhi volessero cercare a tutti i costi una regola, una forma, una spiegazione. Ma quella regola, di fatto, non esiste.

Cosa vedi?

Nella prossima pagina troverai il triangolo di Kanizsa. Non è un test di personalità, nessuno qui ti dirà se sei un potenziale serial killer. Questo triangolo è un famoso test percettivo usato dalla psicologia della Gestalt. Per rispondere basta dire cosa vedi.

Risposte più gettonate:
- due triangoli sovrapposti a tre cerchi
- un triangolo e tre Pacman

Qualsiasi sia la tua scelta tra queste due opzioni, sappi che è inesatta. È sbagliato parlare di triangoli o di Pacman: si tratta solo di un insieme di linee e forme orientate nello spazio.

La maggior parte di noi sceglie i triangoli perché il nostro sistema percettivo ha la tendenza naturale a organizzare e interpretare le cose, dando loro una forma, anche quando una forma non c'è.

La nostra mente ha bisogno di trovare un senso alle cose, anche quando il senso non esiste. Lo fa in base ai dati raccolti dalle proprie esperienze: prima del successo del videogioco, nessuno rispondeva «Pacman» al quesito precedente, e forse anche i lettori più giovani non avranno pensato a questa risposta. In base a quello che abbiamo vissuto, creiamo un'interpretazione della realtà attorno a noi.

Questo capita con i finti triangoli, ma anche con i fatti della vita di tutti i giorni, con le relazioni, i comportamenti e tutti gli altri fenomeni che ci ostiniamo a voler spiegare.

Dobbiamo trovare un senso a tutto. Cerchiamo una spiegazione chiara e ben definita anche quando è impossibile trovarla o ammetterne solo una.

Questa voglia di voler spiegare e definire tutto non risparmia nessuno, neanche noi stessi.

Diario scortese – La mia Spice preferita

A undici anni, come la maggior parte delle adolescenti degli anni Novanta, ero un'accanita fan delle Spice Girls. Ai tempi andavano di moda quei gruppi di ragazze dai caratteri semplificati e facilmente distinguibili: le Spice Girls, ma anche le guerriere Sailor, le All Saints e chissà quante altre di cui ho perso memoria.

In questi gruppi potevi trovare la donna studiosa, quella impulsiva, la donna romantica, la donna sportiva. Nella creazione della mia identità ci riflettevo spesso e pensavo di dover necessariamente scegliere anch'io la caratteristica che più mi rappresentasse.

Ma qual era la verità su me stessa? Chi sono io? Sono simpatica come Geri Halliwell? Mi piace lo sport, quindi forse sarei più Mel C? E poi, a volte mi sento sensibile, quindi forse dovrei scegliere Emma?

Per me era davvero difficile scegliere una sola caratteristica per definirmi, convinta di dover trovare la verità assoluta su di me. Quando ti vengono proposti modelli estremamente semplificati pensi a tutti i

costi di dover scegliere, di dover trovare il tuo, la tua verità.
Poi la vita è andata avanti e questo dilemma è stato ben presto sostituito da diversi altri drammi formativi, grazie ai quali sono andata oltre, dimenticando le Spice, le guerriere Sailor e tutte le altre rappresentazioni polarizzate di noi donne.
Un giorno, a vent'anni, studiando un libro di psicologia ho finalmente trovato risposta a quella undicenne persa nei suoi film mentali: «è impossibile definire se stessi».
Praticamente non è possibile sapere chi siamo, figuriamoci scegliere tra polarizzazioni assolute. Un grande sollievo.
Oggi, che di anni ne ho di più, posso dirvi con certezza chi sono? Certo che no.
Ma so, di certo, qualcosa in più su me stessa. Come, per esempio, che i miei gusti musicali sono decisamente cambiati.

«Conosci te stesso», ma un po' meno

Come faccio a capire la verità su di me?

«Conosci te stesso» diceva Socrate. Peccato che lo stiamo facendo male.

Pur di rincorrere quella verità su noi stessi, ci ostiniamo a prendere degli indizi a caso, confonderli con luoghi comuni e ricerche sui social, per poi dare vita a regole approssimative che spieghino, male, chi siamo.

Dovremmo ascoltarci, accoglierci, tollerarci e aprirci a nuove possibilità. Ma, in questa ricerca infinita di definizioni, applichiamo i bias anche con noi stessi. E, proprio come quando lo facciamo con gli altri, queste semplificazioni hanno degli effetti devastanti anche su di noi.

Una persona forte

Ero sicuro di essere un uomo forte, sempre sul pezzo, di quelli che "non devono chiedere mai". E invece mi ritrovo così, triste e arrabbiato, da non riuscire a pensare a nient'altro. Odio le mie emozioni, odio i miei pensieri. Sto male e, oltre al peso del dolore, sento il peso di questa nuova verità: sono diverso da quello che credevo. Sono una persona debole.

Sono solo emozioni, sono solo pensieri. Non dicono niente di noi.

Trovare ossessivamente definizioni su come siamo può portarci a limiti e rigidità che ci impediscono di ascoltarci, conoscerci e crescere in tutto il nostro potenziale.

Te la buco 'sta verità.

Questa asfissiante ricerca della verità ci fa spesso trasformare il *come sto/cosa ho* in *ciò che sono*. Passiamo dal fatto alla definizione, come nel peggiore dei talk show.

«Provo delusione per il comportamento dei miei amici» → «Sono una persona troppo buona»

«Non riesco a gestire la rabbia» → «Sono una persona forte, di carattere»

«Mi ha preso alla sprovvista» → «Non ho mai la risposta pronta»

La continua produzione di etichette e definizioni su noi stessi, generalmente spietate e semplicistiche, oltre a non dirci la verità, ci limita, impedendoci di esplorare liberi la nostra mente.

Pur di trovare un senso a ciò che siamo, diamo il via a una ricerca ostinata della verità assoluta su noi stessi, illusi di riuscire a trovare un senso e una forma in grado finalmente di dirci chi siamo. In questa disperata esplorazione, i bias ci mettono il loro carico, orientandoci su stimoli che confermano le nostre idee e tralasciando ciò che, invece, non trova corrispondenza alle nostre ipotesi. Un'asfissiante ricerca identitaria che ci confonde e tormenta, senza mai condurci a una reale risposta.

Fin da piccoli creiamo ipotesi su chi siamo e su come siamo, in base a ciò che ci dicono gli altri, a ciò che ci dimostrano o a ciò che pensiamo sia desiderabile essere. Spesso pensiamo che siano i nostri stessi pensieri ed emozioni a definirci e determinarci, credendo che ciò che proviamo dica davvero qualcosa di noi.

Se oggi STO *male, non vuol dire che* SONO *una persona debole.*

Se HO *questo pensiero vile, non vuol dire che* SONO *una brutta persona.*

I nostri pensieri e le nostre emozioni non dicono nulla di noi. Nulla dice di noi.

Siamo in continua evoluzione, in meglio, ma anche in peggio. Non avremo mai certezze o definizioni assolute su noi stessi. Possiamo smettere di cercare la verità e concentrarci su qualcosa di più utile.

Therapy spoiler. Non tutto ciò che sentiamo e facciamo deve dirci qualcosa su come siamo fatti. Non è tutto egoriferito.

Appendi al chiodo il cappello da Indiana Jones.

Farcela all'interno della tua mente

Il mondo è per sua natura complesso e inspiegabile, ma noi ci ostiniamo a volerlo definire e semplificare malamente. Non ci piace proprio l'incertezza. Per risparmiare energie, per rassicurarci e per trovare certezze, esercitiamo controllo e cediamo al fascino seducente di semplificazioni, che applichiamo agli altri e anche a noi stessi, con conseguenze per niente facili.

L'esistenza dei bias cognitivi ci ricorda che la nostra

mente può sbagliare spesso e che i nostri pensieri non sono tutti veri.

E, soprattutto, che le nostre risorse sono troppo limitate per poter scoprire tutta la verità possibile. Quindi, possiamo pure mandare in pensione quell'Indiana Jones che si muove in esplorazione dentro e fuori di noi, e provare ad accogliere l'unica grande verità che ci serve.

> **Reminder scortese**. La verità non esiste.

I nostri pensieri possono essere veri, ma possono anche essere falsi.

Ci è sempre utile perdere tempo per capirlo?

Permettiamoci di stare nel presente, di godercelo, di trasformarlo, di sbagliare, di dare e di ricevere, senza l'ansia di dover scovare a tutti costi la verità su di noi o sugli altri.

Essere ossessionati dalla ricerca della verità in tutti gli aspetti della vita è ciò che ci farà perdere il contatto con noi stessi e con il mondo, quello reale, quello che esiste oltre i nostri film mentali (questi sì, che mettono in pericolo la nostra salute).

Presi dalla smania di controllare e scovare il senso delle cose, a volte ci dimentichiamo di vivere.

Ma il bisogno di spiegare il mondo e sentirci sempre un po' padroni dei fenomeni è così forte da oscurare tutto il resto.

Siamo davvero portati per diventare dei registi dei nostri Film Mentali.

Premio miglior film mentale

Va bene, ve lo concedo: l'incertezza spaventa tutti, anche noi psicologi.

Per orientarci nel disagio è anche giusto provare a spiegarci le cose, definirle, cercarne un senso e abbandonarci ogni tanto al piacere dei bias cognitivi.

Cedi ai tuoi bias cognitivi, responsabilmente.

Il problema, però, è che a costo di cercare la regola o la verità assoluta i nostri pensieri diventano ossessivi e ci fanno perdere, disorientare e passare intere giornate a dirigere dei complessi film mentali.

I film mentali sono tutte quelle supposizioni che facciamo su eventi e persone a partire da nostre sensazioni o idee. Vengono proiettati nella nostra mente giorno e notte e, come la peggiore delle soap opera, ci tengono spesso inchiodati sul divano, impedendoci di dedicarci a cose molto più utili.

Sensitiva

Alcuni giorni mi capita di avere una strana sensazione. Ci penso tutto il giorno e alla fine succede davvero qualcosa. Alcune volte riguarda direttamente me stessa, un bicchiere che si rompe, una notizia che non mi aspettavo. Altri giorni succedono cose più piccole, un messaggio da un'amica, un'informazione che leggo sui giornali. Ogni volta che mi aspetto qualcosa, succede poi qualcosa. Grande o piccola che sia, diretta o indiretta. Tutte le volte che ho una strana sensazione sono certa che avrò ragione.

Quando parliamo di film mentali, interviene il bias di conferma, l'errore del nostro cervello che ci fa prediligere le informazioni che confermano le nostre convinzioni, insabbiando, invece, le prove contrarie. E così, complice l'attenzione, se pensiamo che debba succedere qualcosa, alla fine, troveremo davvero qualcosa che giustifichi quella nostra sensazione.

Ormai lo sappiamo, la nostra mente funziona peggio di un sistema di censura. L'informazione viene distorta, dalla raccolta dei dati fino all'interpretazione dei risultati.

Molto democratico, davvero.

Più troviamo queste pseudo-conferme, più ci autorizziamo a continuare a fare altri film mentali sulla scia dell'«hai visto? Ho sempre ragione!».

E quando le cose non confermano i nostri film mentali? «Ecco, questa è l'eccezione che conferma la regola!»

Non voglio dire che tutte le sensazioni che abbiamo "a pelle" siano da buttare nell'indifferenziata. Non è così, l'intuito è utile ed è giusto considerarlo e, a volte, anche seguirlo. Dico solo che spesso perdiamo troppo tempo ed energie per "scoprire" la veridicità dei nostri pensieri o a indagare sulle vite degli altri alla ricerca delle loro reali intenzioni. È bene considerare che il tempo impiegato per ossessionarci alla ricerca della verità è tempo che togliamo alla vita e ad altri stimoli che, non me ne voglia la vostra casa di produzione cinematografica, sono molto più belli e interessanti.

Esercizio 2 - Cosa c'è in tv stasera?

Ti serve:

- *una ciotola di popcorn*
- *un telecomando funzionante*

Prendi la tua ciotola di popcorn e mettiti comodo tra i tuoi pensieri.

Immagina di essere di fronte a un grande schermo e prova a osservare, con curiosità e senza pregiudizio cosa ti propone di volta in volta la tua "Mente-Netflix".

Potresti trovarci dei film mentali genere thriller, oppure una classica commedia romantica che parla di un amore irraggiungibile, o Alberto Angela che conduce un documentario sulla giornata appena trascorsa, oppure ancora un talk show dove ti danno tutti contro.

Nella tua Mente-Netflix, quali sono i titoli più consigliati del momento?
Ogni quanto li guardi?

Ora, dopo aver riconosciuto i tuoi film mentali, prova a fare un passo in più.

> Impugna il telecomando e, come per le vecchie serie che ormai conosci a memoria, decidi, almeno per una sera, di cambiare canale e smettere di dedicar loro tempo ed energie.

Sei tu a decidere cosa ti va di guardare: puoi concederti un concerto del tuo cantante preferito, puoi dedicarti alla fantascienza, puoi alzarti dal divano e fare altro.

Non tutto quello che troverai nella tua Mente-Netflix ti piacerà. Ma più che provare a cancellare ogni singolo titolo, puoi decidere quanta attenzione dargli.

Cos'altro c'è nella mia mente stasera?

> *Scegli tu che film vedere, scegli tu dove disporre gli oggetti del castello.*
> *Scegli tu che peso dare ai pensieri che non ti piacciono.*
> *Scegli tu.*

3
Scortesia con il corpo
Quella squilibrata idea di equilibrio

Con tutte quelle calorie?

«Tesoro, quella merendina è cacca, ti fa diventare cicciona», «com'è buffo quell'uomo grasso che vediamo in tv!», «dopo questa abbuffata, per una settimana solo minestrone».

Il messaggio era chiaro: dovevo essere magra. Per essere brava, adeguata, per avere tutto ciò che desideravo. E, per essere magra, serviva eliminare i cibi "cattivi". Con tutte le diete che ho provato, posso vantare una cultura nutrizionale pari a quella di un professionista. Alcune volte funzionavano anche, riuscivo finalmente a perdere quei chili in più, a controllare i pasti, a contare le calorie e fare tutto in modo giusto, senza "sgarrare". Anche a costo di non uscire di casa o di festeggiare il giorno del mio compleanno mangiando un piatto triste. Quando il peso sulla bilancia scendeva, io mi sentivo brava. Ma c'era una voce dentro me che mi diceva che non era ancora abbastanza. Non ERO *ancora abbastanza.*

Per essere una persona giusta, una che va bene,

dovevo continuare a scendere di peso. Quindi, sacrificarmi ancora.

Ma avevo fame, fame di cibo cattivo, fame di piacere, fame di ribellione.

E, allora, quasi sempre dopo un periodo di restrizione, riprendevo a mangiare. Come per recuperare tutto ciò di cui mi ero privata.

Mi dicevano che non lo volevo abbastanza ed è proprio un fottuto paradosso perché da sempre la mia intera esistenza ruota attorno al cibo. Non ce la farò mai a raggiungere quello stile di vita da manuale che dovrei avere. Forse hanno ragione quando dicono che non sono motivata, forse non sono davvero così forte per sacrificarmi a lungo. Forse hanno ragione quando dicono che un corpo magro io non me lo merito proprio.

Ascolta il tuo corpo, non la diet culture

A casa, nei discorsi tra amici, in tv, in palestra, a volte anche in contesti sanitari. Siamo cresciuti imparando diverse cose sul rapporto mente-corpo.

La maggior parte di queste, scorrette.

I principali tormentoni sul tema

- I corpi grassi sono i corpi degli sfigati, dei deboli, della gente che si trascura, dei perdenti.
- Il mondo, lo spazio, l'amore, la leadership sono di chi ha un corpo magro. I corpi grassi hanno spazio solo in funzione del loro essere grassi, per confermarne

lo stereotipo. Come nelle pubblicità dei prodotti dimagranti o nelle serie tv dove c'è il *looser* della situazione o l'amico grasso ma davvero tanto simpatico. Perché se sei grasso, l'unica soluzione è compensare con la simpatia.

- Esistono cibi buoni e cibi cattivi e l'unico modo per non diventare grassi è evitare i cibi "cattivi" che, guarda caso, sono anche quelli più gustosi.

Traducendo il tutto in un assurdo sillogismo:

Le persone che contano sono magre.
Per essere delle persone magre bisogna sacrificarsi.
Le persone che contano sono quelle che si sacrificano.

Ce l'hanno raccontata male, questa cosa della vita sana.

Quando pensiamo all'equilibrio mente-corpo immaginiamo una Barbie in tuta ginnica, mentre sorseggia un frullato di spinaci, zenzero e barbabietola.

Ci hanno descritto il benessere come una corsa a chi è più virtuoso, a chi resiste alle tentazioni, a chi si controlla meglio, a chi si allena in condizioni estreme. In questa gara, tutti quelli che non arrivano primi sono dei deboli o dei perdenti.

Pensiamo che l'unico modo per avere un rapporto sano con il nostro corpo sia assecondare quel sergente maggiore di *Full Metal Jacket* che urla nella nostra testa e ci chiama "Palla di lardo". Non ci basta tutto il resto. Anche nel rapporto con il corpo, con l'alimentazione e con lo stile di vita ci sentiamo in dovere di performare. L'alternativa diventa, quindi, mollare tutto e buttarsi sul divano.

Lo chiamiamo erroneamente "equilibrio", ma di fatto è un'idea altamente squilibrata.

Pensiamo che l'equilibrio sia uno stile di vita sempre uguale, basato su schemi rigidi, un'estrema attenzione estetica, un'ossessione per i numeri, uno stress fomentato da regole altamente selettive che crediamo essere assolute. Visto così, qualcosa che alla lunga diventa davvero impossibile da sostenere per un essere umano che si voglia almeno un po' di bene.

Ma, niente, pensiamo di dover essere tutti in corsa verso quell'"equilibrio perfetto". Che, lo ribadisco, come tutte le cose perfette, non esiste.

Affacciarsi allo specchio

Quando ci approcciamo alla nostra immagine capita spesso di focalizzarci esclusivamente su tutto ciò che non va, alla ricerca di quel dettaglio che dimostri quanto il nostro corpo non sia "giusto": il naso storto, il bicipite poco tonico, la cellulite sulla coscia. Ci osserviamo con una minuziosità maniacale e un'attenzione per i dettagli che neanche la polizia scientifica sulle scene del crimine. Davanti allo specchio, afferriamo la luce nera a radiazioni ultraviolette alla ricerca della prima prova utile che dichiari il nostro corpo colpevole di non essere ciò che pensiamo dovrebbe essere. Specchiarsi diventa davvero una gran fatica: ci credo che, poi, alcuni di noi smettono di farlo.

Non è una scena del crimine.

E neanche un'autopsia: il tuo corpo è ancora vivo.

Quando lo osserviamo, più che analizzarlo come il luogo del delitto, possiamo guardarlo come se fossimo di fronte a un quadro.

Il mio quadro impressionista

Ai tempi, i pittori impressionisti non erano di certo considerati attenti ritrattisti della realtà. A loro non fregava proprio niente di perdersi alla ricerca di ogni singolo dettaglio. Ciò che volevano era ben altro: rappresentare un'intenzione, un'emozione, un'atmosfera.

Mi piace pensarla così quando ci rapportiamo all'immagine del nostro corpo: una visione che coglie il "tutto", che è molto più della somma delle sue singole parti.

Siamo di più della somma di occhi, bocca, naso, orecchie, cosce, pancia, braccia. Non occorre accanirsi sui dettagli, non siamo solo le nostre misure, non ci rappresenta solo quel numero che compare sulla bilancia. Possiamo smettere di rincorrere il microdramma estetico o, al contrario, schivare ogni specchio o misurazione per paura di trovare chissà cosa.

Lo scopo di guardare la nostra stessa immagine è solo cogliere l'impressione di ciò che siamo. Per questo, osservare il nostro corpo non deve più essere un tabù; possiamo specchiarci guardando alla nostra visione d'insieme.

Godiamoci l'opera.

«Ho cinquantadue anni, cazzo, e con questo vestito sarò STREPITOSA.»

SAMANTHA JONES
Sex and the City

Riesco a trasmettere la mia personalità e i miei valori attraverso la mia immagine?

In che modo potrei farlo meglio?

Troppo intelligente per esser bella

Ero quella più intelligente, l'intellettuale della classe, la ragazza che odiava la superficialità. Le mie compagne perdevano interi pomeriggi fra palestra ed estetista. Io, invece, consideravo il mio corpo qualcosa di superfluo, lo trascuravo nella cura e nella scelta dei vestiti. Quelle come me, al corpo proprio non ci pensano.

Ogni volta che incrociavo la mia immagine riflessa nelle vetrine, o in qualche foto occasionale, avveniva, però, una piccola rottura. Il mio corpo esisteva. Ma ammetterlo mi spaventava. Avevo paura che, accettandolo, avrei perso me stessa. Sarei stata meno intelligente? Meno femminista?

E, invece, è successo l'inaspettato: dialogare con il corpo mi ha permesso di arricchire di complessità il rapporto con me stessa, ma anche divertirmi, muovermi più consapevole nel mio spazio e guardare la mia immagine anche con leggerezza. Il mio corpo fa parte di me. Non devo più fingere che non esista. Posso renderlo il manifesto di ciò che sono.

Mente o corpo?

Nella nostra ingenuità e cortesia tendiamo implicitamente a considerare mente e corpo come due entità a sé stanti.

La mente, una roba da intellettuali, da gente intelligente. Il corpo, lo curano bene solo le persone superficiali, quelle che passano tutto il tempo in palestra, quelle che non hanno mai letto un libro, per intenderci. Se mi ritengo una persona intelligente, allora, non ha senso ascoltare e curare troppo il mio corpo.

Cresciamo abituati a commentare e giudicare i corpi altrui e dimentichiamo presto che col corpo si può fare anche altro.

Tipo vivere.

Già, perché il nostro corpo non è solo un'opera da ammirare. Il rapporto con il proprio corpo è un discorso che va oltre l'aspetto puramente estetico di adesione o ribellione a certi canoni di bellezza.

Il nostro corpo ci serve. Per questo, non possiamo più permetterci di parlare di salute mentale senza includere la consapevolezza del corpo.

Consapevolezza, che è un concetto molto diverso dalla bellezza.

Non dobbiamo più scegliere. Mente e corpo non sono due cose separate. Noi siamo anche il nostro corpo.

Anche se quotidianamente discorriamo di fisica quantistica, anche se disprezziamo con tutto il cuore il mondo del beauty, anche se associamo un certo tipo di bellezza a un certo tipo di stupidità, siamo il nostro corpo.

Il corpo serve a farci muovere nel modo e nella direzione che scegliamo: gli occhi ci permettono di leggere questo libro e, spero, tanti altri, le gambe ci portano dove vogliamo, la bocca ci fa esprimere i nostri pensieri. Grazie al corpo possiamo scegliere i vestiti che indossiamo e comunicare chi siamo, anche quando non vogliamo farlo.

Il corpo non è fatto solo per essere bello.

Tutti "belli"

La narrativa "cortese" sul corpo ci esorta spesso a sentirci belli, speciali, felici. Come se, per poter prendere spazio nel mondo, fosse indispensabile avere bellezza ed essere "perfetti a modo nostro". Come se, chi di bellezza se ne sente poca, non possa avere il proprio posto. Come se nel mondo tu possa starci solo se, per certi standard, sei ok.

"Il mondo è fatto per i belli."

Se non mi ci sento, allora, scelgo di giocare un'altra partita, quella della mente. Oppure, cerco disperatamente la bellezza per non sentirmi più una persona sbagliata: mi sforzo di cambiare a tutti costi il mio fisico. Devo sentirlo bello, come mi dicono tutti. Anche quando bello io proprio non lo vedo.

Pur di tutelare l'assurda idea che si *debba* essere tutti belli, arriviamo anche al punto di stravolgere la nostra realtà, perseguendo ideali di bellezza che ci rappresentano poco o sottoponendoci a lavaggi del cervello che ci inculcano la necessità di essere speciali.

Anche quando non ci sentiamo così, ci lanciamo in virtuosismi percettivi che dimostrino a tutti i costi il fatto che siamo *comunque* belli, solo per autorizzarci ad avere un posto nel mondo. Piuttosto che dirci banalmente che va bene anche non essere belli, stravolgiamo la nostra stessa percezione, dando sempre più importanza al monopolio della bellezza.

Che sia dentro o fuori certi canoni, la bellezza non deve essere un dovere, né la condizione necessaria per autorizzarci a prendere spazio.

E se il mondo fosse anche dei "brutti"?

Il mondo è anche di chi non si sente bello. Quando ci sentiamo brutti, possiamo comunque avere il nostro spazio.

Perché non è sempre possibile essere belli e amare se stessi alla follia. Anzi, è anche piuttosto sano non adorarsi tutti i giorni. Non sempre troveremo il nostro corpo "splendido". Non sempre riusciremo a curarlo, a volergli il bene che merita e alcuni giorni ci sembrerà un traguardo anche solo riuscire a farci una doccia.

Avere un rapporto sano con il proprio corpo non significa sentirsi sempre belli, felici, in linea con i propri obiettivi. Né sforzarsi di vedersi splendidi anche quando non lo siamo, distorcendo la realtà come nel peggiore dei filtri bellezza. Accettarsi significa riconoscere come siamo fatti, prendere atto di ciò che siamo e di come ci sentiamo.

Oggi mi sento speciale e felice, domani potrei sentirmi mediocre e triste. Possiamo muoverci nel mondo anche quando non siamo la nostra versione migliore.

Possiamo continuare a vivere, fare cose e occupare spazio anche i giorni in cui non siamo belli. In quei giorni, che esistono per tutti, anche per chi ha un'autostima da manuale, non è obbligatorio restare immobili, impantanati nella nostra palude di schifo, ma possiamo uscire e, sporchi di fango, continuare a fare ciò che ci piace.

Non dobbiamo aspettare di essere speciali, perfetti e bellissimi "a modo nostro" per muoverci nel mondo.

Essere o non essere speciale non deve essere più il tuo problema.

Il corpo non è fatto solo per essere valutato, ma serve a tantissime altre cose, per le quali non è indispensabile percepirsi belli. Non serve il lasciapassare dei giudici di bellezza.

Il nostro corpo può essere il quadro più rappresentativo di noi stessi e, al tempo stesso, lo strumento più utile di cui disponiamo.

Questo sì che è molto bello.

Meglio la montagna

I miei amici pensano che sia una questione di gusti, di confusione, di umidità. O, almeno, io voglio pensare che se la bevano così, senza farsi troppe domande. Certo che mi piacerebbe passare le giornate in spiaggia, piuttosto che restare in casa, solo, a guardare vecchi film. Ma vuoi mettere quanto mi farebbe male, poi? Esibire ai quattro venti il mio corpo, il manifesto di quanto sia sbagliato e di quanto abbia fallito nella vita. Non ce la farei. Mi sono sempre vergognato del mio corpo. Mi vergognavo quando mi ritrovavo nello spogliatoio insieme agli altri ragazzi, quando cenavo in solitudine per evitare commenti o sguardi giudicanti. Mi vergogno del mio corpo, delle mie misure che da sempre urlano al mondo intero che non sono come dovrei. La vergogna è così forte che mi blocca e mi fa spesso restare solo.

PER SEMBRARE GENTE CHE NE SA

Vergognosi si diventa

Non nasciamo con la vergogna; la vergogna è un'emozione appresa. Scatta solo quando da piccoli cominciamo a renderci conto che esistono altre persone nel mondo, a parte noi. Anche se alcuni motivatori, in un impeto di originalità, ci dicono spesso di fregarcene e di smettere di provare vergogna, la realtà è un'altra: la vergogna fa parte di noi, inguaribili animali sociali. Quindi, sì, finché la nostra vita sarà immersa nella socialità, provare vergogna farà parte del gioco. Come tutte le emozioni, è lì per inviarci un messaggio.

Quello della vergogna è una roba da poco: siamo sbagliati rispetto alle persone attorno a noi e alle regole di quel contesto. Insomma, la tocca pianissimo. Il compito della vergogna è, quindi, farci da *reminder* su ciò che va bene e ciò che non va bene agli altri. E, per quello che riguarda l'immagine corporea, le regole del nostro contesto sociale non sono proprio così inclusive; i corpi non conformi sono etichettati, insultati, derisi. A volte anche con il pretesto di tutelare una presunta salute. La stessa di cui, invece, amiamo dimenticarci quando promuoviamo come "normali" abitudini e corpi tutt'altro che sani.

La vergogna diventa un problema quando porta a un disagio che ci fa sentire esistenzialmente sbagliati, spingendoci all'isolamento e a rinunciare a tutte le esperienze piacevoli e appaganti della vita.

In gergo tecnico si parla di "evitamento": un meccanismo che ci relega all'interno di una triste campana di vetro; per proteggerci da emozioni molto più dolorose il prezzo da pagare è la rinuncia. La rinuncia a trascorrere una giornata al mare con gli amici, a indossare un vestito che ci piace, a fare un aperitivo con gente nuova.

La rinuncia a prendere spazio nel mondo. Perché è molto difficile farsi ascoltare se la nostra voce è solo un rimbombo dentro a una campana di vetro.

Puoi prendere spazio anche quando non ti piaci, anche quando non ti senti adeguato.

Non riuscirai mai ad amarti ogni giorno, ma puoi imparare a tollerarti e a farti simpatia, mentre continui a muoverti verso ciò che più ti piace.

"*Tutto o niente*"

Quando ci troviamo ad affrontare il rapporto con il nostro corpo, entra spesso in campo il bias del "tutto o niente". In realtà, questo bias prende spesso il sopravvento anche in molti altri aspetti della nostra vita. Si tratta di quell'errore sistematico che ci spinge a un pensiero dicotomico e polarizzato, portandoci a vedere le situazioni in modo estremo, senza considerare le diverse sfumature o alternative. Questa modalità di pensiero rigido può dar luogo a giudizi eccessivamente semplificati delle situazioni, impedendo una valutazione equilibrata e completa e inquinando spesso anche le relazioni interpersonali. Applichiamo questo bias in molti ambiti della vita e lo facciamo anche nei nostri pensieri sui corpi e sullo stile di vita. Accade quando crediamo di dover scegliere tra intelligenza o bellezza, ma anche tutte quelle volte in cui ci lanciamo alla caccia di valutazioni assolute ed estremamente polarizzate. O scegli una dieta estrema e restrittiva o molli ogni interesse per la tua salute. O ami alla follia il tuo corpo, che però, attenzione, che persona superficiale o egocentrica che sei o, altrimenti, se non ti piaci, soffri di bassa autostima, di scarsa motivazione e sei destinato a vivere per sempre così. Questa modalità di pensiero è fortemente incoraggiata anche fuori dalle nostre menti: gli altri attorno a noi promuovono di frequente ragionamenti dicotomici scambiandoli erroneamente per "carattere", "determinazione" o altre nobili virtù: bisogna scegliere tra "bianco o nero", tra "tutto o niente". Se non lo facciamo, siamo "indecisi", "incoerenti" o "deboli". E, allora, impariamo a dover sempre scegliere tra due estremi, ignorando del tutto ciò che c'è nel mezzo.

Cadendo spesso in generalizzazioni estreme.

Diario scortese – Basket Case

Quando da adolescente mettevo su qualche chilo, nel mio cervello scattava subito il meccanismo del tutto o niente + due chili = vergogna, ormai è andata, gli altri non ti riconosceranno più. Bastavano solo due chili per sentirmi un'altra persona, una persona diversa e sbagliata, come suggerivano le tante pubblicità in tv.

Ascoltavamo Basket Case*, quando la mia cara amica mi disse che aveva preso cinque chili. E se ne vergognava tantissimo. Ma la verità era che io non me ne ero per niente accorta. E, anche notando, poi, quella piccola differenza nel suo corpo, la mia idea su di lei non era affatto cambiata: la guardavo con gli stessi occhi di prima, la stimavo, mi divertivo in sua compagnia e continuavo a trovarla una ragazza attraente. Perché gli altri mi sembravano sempre gli stessi, nono-*

stante qualche chilo in più, mentre io con un paio di chili in più continuavo a percepirmi una persona del tutto diversa?

«Sometimes my mind plays tricks on me» *diceva la canzone. Usiamo spesso due pesi e due misure: uno spietato, per noi stessi, uno molto più flessibile e concreto, per gli altri.*

E se provassi a usare questa flessibilità anche su me stessa?

È normale che il peso cambi. Quando succede, posso prendere in prestito degli occhi estranei ai miei e, in quello sguardo, continuare a riconoscermi, senza sentirmi più così lontana da me stessa.

Pensati polarizzato

I nostri continui slanci verso le polarizzazioni ci rendono campioni olimpionici di salti logici, tipo questi:

Se sono in sovrappeso, allora mi considero un caso disperato.

Se provo a cambiare alimentazione, chi voglio prendere in giro? Non ci sono mai riuscito.

Se non mi amo, sarò per sempre condannato alla bassa autostima.

Se non ho voglia di allenarmi, allora sono una persona pigra.

L'unico realmente pigro, in questi casi, è il nostro cervello, che ascolta in automatico queste polarizzazioni assordanti. E le scambia per verità.

Therapy spoiler. Esistono le sfumature. Ce la fai a stare nel tuo corpo, anche nei momenti di imprecisione o di incostanza?

Non dire più

- *«Siamo tutti belli.»* Puoi non esserlo e occupare lo stesso uno spazio nel mondo.
- *«Non lasciarlo nel piatto, ci sono bambini più sfortunati di te.»* Finire quel piatto, oltre a non risolvere il problema della fame nel mondo, ti insegnerà a ignorare i segnali del tuo corpo, come la sazietà. Se non si vuole sprecare del cibo, lo si può mangiare più tardi o congelarlo.
- *«Quel cibo è spazzatura.»* Etichettare il cibo come buono o cattivo non farà altro che renderti più desiderabile ciò che è proibito. Imparerai da solo cosa è o non è spazzatura per il tuo corpo, senza che te lo dica qualcun altro.
- *«L'ho cucinato solo per te, ci resto male se non lo mangi.»* Farti carico delle emozioni dell'altro, provando a compiacerlo per non deluderlo, ti spingerà spesso a comportarti tenendo conto più degli altri che di te stesso. Un bel carico da sostenere a ogni pasto!
- *«Ormai sono fatto così.»* Il cervello è plastico, puoi sempre cambiare le tue abitudini. Se vuoi un alibi per continuare a mantenerle, non dare la colpa al tuo cervello.

Le imprecisioni fanno parte del nostro equilibrio, vanno ascoltate per capire meglio come prenderci davvero cura di noi stessi.

Solo includendo anche gli alti e bassi, l'incostanza e la pigrizia potremo finalmente muoverci. Ed è solo muovendoci che inizieremo a conoscerci, a sperimentare nuove abitudini e stili di vita e, se è davvero ciò che vogliamo, a cambiare. La disciplina non deve essere più un'imposizione spietata e rigida. Possiamo uccidere il sergente maggiore di *Full Metal Jacket* e prenderci cura del nostro corpo con gesti di ascolto e di accoglienza. Solo così potremo arrivare a un equilibrio mente-corpo che sia davvero sostenibile nel lungo termine.

Chi nasce tondo, può morire quadrato

Cambiare se stessi è possibile... ma quanto è difficile?

Ce lo vendono come un processo veloce. Sono veloci le foto del prima e dopo la dieta, sono veloci quei racconti di chi smette di fumare da un giorno all'altro, ci sembra veloce quando il primo motivatore di turno ci dice che per cambiare servono solo ventuno giorni.

Nessuno ci racconta lo studio, la programmazione e i momenti di stallo dietro tutti quei cambiamenti, che sono rapidi solo per come ci vengono venduti.

Ogni cambiamento è il risultato di un percorso per niente veloce, tutt'altro che rapido e lineare, fatto di prove ed errori.

Te la buco 'sta velocità.

Siamo lenti, dobbiamo accettarlo. La mente cambia lentamente, il corpo cambia lentamente.

Non possiamo fare altro che accogliere questa lentezza e usarla per ascoltare e imparare a regolarci sempre più, senza dare nulla per scontato.

Quello che funziona su altre persone potrebbe non funzionare su di te.

E ciò che funzionava su di te quando avevi sedici anni potrebbe non funzionare più adesso.

Non dare per scontato nulla senza prima aver valutato le tue condizioni attuali.

Oltre a illuderci che il cambiamento debba essere veloce, con modalità uguali per tutti e in qualsiasi circostanza, a confonderci ulteriormente ci sono i tanto amati discorsi sulla forza di volontà.

Tu la chiami "motivazione", io lo chiamo "disagio"

C'è un po' il mito della motivazione. Sembra che sia l'antidoto a tutti i mali, sembra che tutto dipenda da quella spinta magica che compare quando agiti lo scettro di Sailor Moon.

Se vogliamo cambiare le nostre abitudini ci facciamo facilmente sedurre da chi urla che si deve essere motivati, che serve sacrificarsi e insistere a qualunque costo, affidandoci esclusivamente a una forza di volontà che crediamo debba essere infallibile, quasi magica. Illusi di poter puntare tutto sul potere del Cristallo di Luna, ci lanciamo, allora, in piani di benessere decisamente al di sopra delle nostre possibilità. Passiamo dal vivere le giornate arenati sul divano e ordinare d'asporto tutte le sere, a piani di vita in stile Rocky Balboa: sveglia la mattina alle quattro, corsa, colazione con uova crude, doccia, lavoro e pranzo senza carboidrati.

Se per motivazione intendiamo questo, direi che non averne abbastanza è la cosa più sana che ci possa capitare.

Quale persona può essere davvero motivata nel mantenere uno stile di vita così spietato? Non serve rincorrere la forza di volontà: se pensiamo di non avere abbastanza motivazione, forse le nostre azioni comportano un sacrificio che in questo momento non possiamo sostenere.

È banale, ma prendiamone atto.

Il sacrificio non è un modello sostenibile per il nostro cervello. Non è sostenibile da un punto di vista fisico e non lo è da un punto di vista psichico, perché, anche ammesso che ci porti a raggiungere i risultati sperati, a rimetterci è, alla fine, la salute mentale. Insomma, allargando lo sguardo, capiremo presto che nel lungo termine il sacrificio non ha mai realmente funzionato su di noi: perché dovrebbe farlo adesso?

In Psicologia Scortese il sacrificio non è quasi mai una buona idea.

Non pensiamoci martiri, perché non lo siamo.

Ricapitolando: siamo lenti e siamo anche incapaci di sacrificarci troppo a lungo.

Ma come si fa, quindi, a cambiare le proprie abitu-

dini? Siamo destinati a restare per sempre su quel divano, sepolti da scatole e avanzi di delivery?

Certo che no. Un buon modo per cambiare le nostre abitudini è accettare che i cali di motivazione esistono e, più che fingere che non ci saranno mai, serve considerarli come parte del processo.

La tua forza di volontà fa schifo, accettalo.

Più che affidarci alla forza di volontà, all'autocontrollo, alla motivazione, possiamo lavorare sulla sostenibilità delle nostre abitudini.

Se odiamo la corsa, se la mattina alle quattro abbiamo freddo, se l'uovo crudo proprio non scende, allora è il caso di ripianificare uno stile di vita più sostenibile per il nostro modo di essere e smettere di fare programmi come se non avessimo altro da fare durante la giornata.

Del resto, Rocky faceva solo quello, noi abbiamo un lavoro, delle relazioni, delle pagine social a cui badare e tante altre priorità molto diverse dalle sue. Possiamo sostituire la corsa con una passeggiata e l'uovo crudo con un piatto sano, ma molto più facile da digerire.

Il cambiamento che vogliamo intraprendere deve rispettare i nostri gusti e i nostri ritmi, senza devastarli.

Insomma, è importante ridimensionare un po' il ruolo di motivazione e forza di volontà, mettere da parte lo scettro di Sailor Moon e, banalmente, rendercela facile, piacevole e sostenibile.

Intraprendere lotte svalutanti contro noi stessi, diete punitive, attività estreme brucia-grassi non ha alcun senso: l'unico detox che è bene fare è quello dai discorsi motivazionali.

Muovendoci verso ciò che più ci piace, nello sport, nelle abitudini e nell'alimentazione, il cambiamento potrebbe partire lentamente, e non sempre dal lunedì, da gennaio o da settembre. Ma, almeno, ci porterebbe finalmente a dei risultati, tutelando, al tempo stesso, la salute mentale. Non una roba da poco.

E scommettiamo che durerà di più delle altre volte?

Se ci piace, non sarà più necessario invocare il potere della forza di volontà.

Carta imprevisto: cosa fare?

Ormai lo sappiamo: non è sempre possibile essere motivati. Restare rigidi mentre tutto attorno a noi cambia è una pretesa assurda. Quando proviamo a restare focalizzati sui nostri obiettivi, può cambiare il mondo attorno a noi, ma anche il nostro umore, le nostre priorità, le nostre emozioni e i disagi dentro e fuori di noi.

Si chiama "vita": alcune volte riusciremo a perseguire l'obiettivo, altre proprio non ce la faremo.

Carta imprevisto
Peschi una "carta imprevisto" e salti una settimana intera di allenamento.

La verità è che abbiamo saltato una settimana di allenamento. Questa è l'unica verità.

Un fatto singolo non porta ad altre "verità", non ci dice che facciamo schifo, che siamo dei falliti, che non siamo portati per lo sport.

Anche nell'approccio al benessere, amiamo indossare il cappello di Indiana Jones per muoverci in questa costante ricerca della verità su noi stessi, esplorando i nostri disagi e provando a confermare le idee svalutanti che abbiamo già in mente.

Quello che è un imprevisto, noi lo percepiamo come un fallimento. E diamo inizio a una serie di processi autoriferiti di cui davvero non abbiamo bisogno.

Questi *mini* fallimenti non dicono niente di te.

Smettiamola di fare i protagonisti. Ai fallimenti non frega niente di definirci.

Non tutte le cose che ci capitano dicono qualcosa di noi. Gli imprevisti servono solo a suggerirci che, quando si potrà, ricalibreremo le nostre azioni in funzione dei nostri obiettivi.

Quello che invece facciamo è che al primo sbaglio ci lanciamo in deduzioni e nuovi salti logici. Le conseguenze? Compensare, buttandoci in piani ancora più stressanti e restrittivi. Oppure, al contrario, saltare a conclusioni su quanto il cambiamento non sia per noi e che tanto vale mollare tutto. Entrambe premesse che ci porteranno davvero al fallimento, il fallimento del nostro *maxi* obiettivo di salute fisica e mentale.

Ridimensioniamo: abbiamo solo saltato una settimana di allenamenti. Una settimana rispetto alle molteplici settimane della nostra vita.

Non si cancella nulla.

Basterebbe solo ripartire, riprendendo con le nostre azioni sostenibili.

E poi ci sono gli altri

Qualsiasi sia la forma del tuo corpo, dovrai accettare una scortese verità: ci sarà sempre qualcuno a cui non piacerai. Il tuo corpo può essere cambiato o essere lo stesso di prima, poco importa. Se sei dimagrito, troverai sempre qualcuno che ti avrebbe preferito con qualche chilo in più; se sei ingrassato, qualcuno rimpiangerà i tempi – quando avevi quindici anni – in cui pesavi molto meno. Anche nel caso in cui il tuo corpo sia diventato conforme a ciò che ci si aspetta, potresti trovare qualcuno a cui non piaci, proprio perché rispecchi certi canoni così scontati. E anche i canoni estetici potrebbero cambiare nel giro di poco tempo, facendoti sentire di nuovo inadeguato.

Per questo motivo, è importante appellarsi a una banalità, ma che spesso dimentichiamo quando parliamo di corpi:

Non si può piacere a tutti.

In alcuni contesti, il tuo corpo sarà sempre troppo magro o troppo grasso.

Le tue scelte alimentari potrebbero non essere approvate da tutti. Il tuo stile di vita potrebbe essere sbagliato per persone diverse da te. Quello che per te è sano, per altri potrebbe essere un veleno.

È davvero così importante il consenso di chi ha necessità e gusti diversi dai tuoi?

Nessuno mi può giudicare... e invece sì.

Che mondo sarebbe senza giudizi?

Un mondo bello, leggero, giusto. Immaginiamo un mondo in cui nessuno sia più interessato a commentare i corpi altrui, a guardare dentro i piatti, nessuna insinuazione, nessun «sei troppo magro», «hai messo su pancia», «quanto stai mangiando», «ma perché non ti muovi un po' di più?». Bello, vero?

Peccato che quel mondo non esista.

Non so quand'è che abbiamo deciso che dire al prossimo quello che deve fare debba essere la modalità principale per interagire con lui. Sta di fatto che gli altri attorno a noi avranno sempre un giudizio su ciò che facciamo.

E non perché ce l'abbiano con noi, siano invidiosi, cattivi o chissà per quale altra folle spiegazione. Ma perché gli esseri umani giudicano e questo noi dobbiamo accettarlo.

Il giudizio è un comportamento umano che deriva da una combinazione di fattori biologici, influenze sociali e processi cognitivi. A livello evolutivo, giudicare gli altri è sempre stato un istinto cruciale per la sopravvivenza all'interno di un gruppo. Non solo: il giudizio ci permette di creare categorie ed etichette che ci regalano quella confortante illusione di ordine e prevedibilità. Insomma, gli altri ci giudicano semplicemente perché, in quanto esseri umani, sono abituati a valutare e fare inferenze sul mondo per confermare le proprie certezze e dar libero sfogo ai loro stessi bias. Alcune volte esprimendoli attraverso commenti, pareri, consigli e comportamenti controllanti.

Gli altri fanno schifo, esattamente quanto noi.

Ci lasciamo tutti trasportare dalle nostre idee e semplificazioni e non sempre abbiamo voglia di conoscere meglio le storie, di ascoltare senza pregiudizio e analizzare clinicamente le singole situazioni attorno a noi, prima di lanciarci in quei «consigli per il tuo bene».

Per questo possiamo sensibilizzare i nostri cari, scrivere post sulla *body positivity*, divulgare, esortare amici e parenti alla pratica della discrezione, esaltandone i benefici sulla longevità personale. Ma anche pensando a una società più inclusiva e rispettosa della nostra (e non mi è difficile immaginarla) sarà impossibile cancellare del tutto le idee che gli altri hanno di noi.

Possiamo continuare a dare il buon esempio e lottare

per una società migliore e più inclusiva. In parallelo, però, tocca far pace con il fatto che gli altri avranno sempre delle opinioni. Molte delle quali potrebbero ferirci.

Lo faranno se sei grasso, se sei magro, se sei alto, se sei biondo.

Lo faranno sempre perché non hanno voglia né tempo di approfondire.

E questo ha poco a che fare con te.

La loro opinione su di me dice di loro, non di me.

La soluzione non è isolarsi dal mondo, evitare le relazioni sociali, né investire la propria vita in una lotta totalizzante contro i giudizi.

La soluzione è riconsiderare che valore dare a quei commenti. Solo svuotandoli di significato e autoattribuzioni potremo smettere di restarne arenati.

Emancipiamoci dalle parole degli altri.

Tra striscioni e molotov

Da sempre la gente attorno a me mi dice cosa devo fare. E cosa devo essere. «Devi mangiare come me», «questo è ok», «questo non ti fa bene», «devi fare sport tre volte a settimana», «devi bere solo un bicchiere di vino nei weekend». Da sempre, tutte queste imposizioni mi fanno incazzare. E allora sai che c'è? Faccio tutto il contrario di ciò che andrebbe fatto: perdo il controllo, esagero, mi ubriaco. Protesto. È il mio modo per dirvi che i vostri consigli mi fanno proprio schifo, che sono diverso da voi. Da sempre uso il mio corpo come veicolo di questa lotta. Urlo così forte il mio dissenso fino a perdere la mia voce, fino a perdere me stesso. In questa mia protesta ho perso i miei anni migliori, ma soprattutto ho perso il contatto con il mio corpo. Ho perso me stesso tra striscioni e molotov.

Se dimagrisci, se ingrassi, se ti prendi cura di te, se molli la presa ha senso farlo perché ti va. Non per assecondare, evitare o contrastare giudizi e aspettative su di te.

> Ci sarà sempre qualcuno a cui non andrai bene.
> I giudizi degli altri non devono essere la tua motivazione.

Decidi tu quale peso dare a quelle opinioni. Più che sulle loro parole, puoi sintonizzarti sul tuo corpo.

Esercizio 1 - Il festival dei luoghi comuni

Ti serviranno:

- *auricolari a isolamento acustico*
- *cinque sensi*

Immaginati a un festival. Senti il suono dei bassi fin da lontano e, più ti avvicini al palco, più ne avverti il frastuono. A dar spettacolo sono loro, i bias cognitivi, quelle idee semplicistiche che trovi spesso in giro per la tua mente in cerca di notorietà.

Nel rapporto mente-corpo, i bias sfoggiano il loro outfit migliore per mostrarsi in uno spettacolo senza eguali: un concerto metal in cui martellano con batterie, bassi e chitarre, urlando motivi che fanno più o meno così:

No pain no gain
Sei pigro, perché ci provi ancora?
Devi avere più motivazione
Con la dieta dell'ananas si perdono dieci chili in un mese
Non ci sei mai riuscito, figurati se adesso cambi

Se sei a dieta e mangi una porzione di lasagna, tanto vale mollare tutto e darci dentro con la teglia intera, no?

NO.

Abbassa il volume.

Si tratta di riff legati a una cultura alimentare scorretta, all'idea spietata che hai di te stesso, all'esaltazione di una forza di volontà che non puoi umanamente avere. Tutto questo rumore ha un impatto devastante sulla tua salute.

In questo caos assordante, le voci urlanti dei tuoi bias, accompagnate dagli slogan della *diet culture* e della grassofobia, ti stordiscono e non lasciano spazio ad altro. Ma l'altro esiste e sei tu.

Tocca allontanarsi dal frastuono, abbassare il volume e ritornare a te. In tutti i sensi.

Quando sei confuso dal rumore nella tua testa, ritorna al tuo corpo coinvolgendolo con alcune domande.

Ascolta

Silenziare il microfono di tutti i bias che da sempre ti accompagnano nel rapporto con il corpo richiede uno sforzo non da poco. Solo staccando la spina degli amplificatori e ascoltando il tuo corpo potrai davvero prendertene cura. Silenzia tutto il resto e inizia ad ascoltarti.

Cosa mi sto dicendo?
Ho fame? Ho sete? Ho sonno? Di cosa ha bisogno il mio corpo in questo momento?

Guarda

Guardarsi fa paura. Soprattutto quando siamo certi di trovare allo specchio qualcosa di spaventoso. Evitare quell'immagine può proteggerti da molte emozioni spiacevoli. Di contro, controllarla in ogni singolo dettaglio ti ossessionerà, nella vana illusione di poterla dominare. E se, invece, aprissi gli occhi e ti guardassi, semplicemente, nella tua visione d'insieme?

Come sono?
Mi osservo. Riesco a spegnere le voci giudicanti su di me e guardarmi libero da quei giudizi?

Tocca

Il corpo delimita il tuo spazio e ti permette di capire dove finisci tu e dove iniziano gli altri. Più diventi consapevole del tuo corpo e del tuo spazio, più riuscirai a muoverti, essere conscio della tua immagine e dei tuoi confini. Fisici, ma anche mentali. Riesci a delimitare la tua presenza nello spazio?

Quanto spazio occupo?
Quanto spazio occupo tra la gente? Dove inizio io e dove finisco? Sono davvero consapevole dei miei confini?

Annusa

Respira a pieni polmoni, fatti guidare dal profumo per schivare tutto ciò che puzza di stantio. L'olfatto può guidarti verso la tua vera essenza. Usalo per fiutare ciò che fa o non fa per te. Ciò che ti piace, e ciò che, invece, proprio no.

Che aria tira?
Quale profumo sa di buono? Dove mi porta il profumo che mi piace?

Gusta

Esplorare il gusto significa approcciarti al sapore con curiosità e senza pregiudizi. Dimentica i cibi "buoni" e i cibi "cattivi", metti da parte quei "superfood" che odi ma che ti forzi di mangiare solo perché fanno bene. E fatti guidare dal tuo gusto. Permettiti di scoprirlo senza paura. Ti porterà da solo verso il tuo equilibrio.

Quale sapore preferisco?
Mi piace ciò che sto mangiando? Mi piace la sua consistenza? Mi diverte o mi annoia mangiare questo piatto?

Obiettivo: aprire gli occhi, volgere lo sguardo verso noi stessi, ascoltarci. Capire come si è fatti, cosa ci piace, com'è il corpo che abbiamo per abituarci alla sua presenza nello spazio. Attraverso questo esercizio ci concentreremo, daremo la priorità al nostro corpo, a partire dai nostri sensi e questo ci porterà gradualmente a imparare a STARE nel nostro corpo.

Stare nel corpo di adesso. Non in quello che ci propongono in tv, non in quello dei filtri sui social, non in quello che avevamo dopo la dieta tibetana, non in quello che vorremmo avere tra un anno quando andremo al matrimonio di nostra cugina.

Il mio corpo di adesso

Imparare a stare nel proprio corpo, conoscerlo, accettare le sue condizioni attuali può rivelarsi molto strano e doloroso. Ma è l'unica via per iniziare concretamente a prendercene cura. Un bel giorno, potremo sotterrare l'ascia di guerra, iniziare a tollerarci, provare simpatia per noi stessi o, addirittura, piacerci.

Alcune domande su cui riflettere.

Com'è stare nel mio corpo? Riesco ad ascoltarlo?
Riesco a capire quali sono i suoi bisogni?
Se voglio cambiarlo, perché voglio farlo?
Riesco a rappresentare me stesso attraverso il mio corpo? Il mio corpo mi permette di fare quello che voglio? Che emozioni provo quando sono nel mio corpo?

Prendere spazio può fare paura. Ma ne varrà la pena.

È proprio la paura di ascoltarci, di guardarci e di conoscerci ad amplificare al massimo quel rumore lì. Un caos assordante che ci sballottola tra azioni nonsense e consigli dell'ultimo minuto, nessuno dei quali tiene conto davvero di come siamo fatti.

In questo continuo pogare sulle urla della *diet culture*, sul ritmo della grassofobia e sui consigli del cugino, la scortesia ci invita a fermarci e silenziare tutto.

Siamo molto più di un grafico, di una valutazione, di un numero sulla bilancia. L'equilibrio, quello vero, è fatto di cadute, di riprese, di giorni in cui abbiamo scarsa motivazione, di imprevisti e piccoli fallimenti.

Iniziare a dialogare con il nostro corpo è un passo necessario per prendere spazio in modo sano nel mondo e arricchire di molto la nostra esperienza di vita.

Non serve prima cambiare. Ascoltare il corpo è un requisito fondamentale, anche per impostare un eventuale cambiamento. Perché per cambiare, serve innanzitutto conoscersi.

Reminder scortese. Non possiamo pretendere di cambiare qualcosa senza prima sapere com'è.
Senza prima accettarlo.
Senza un'efficace presa in carico delle nostre condizioni di partenza e senza una reale voglia di ascoltare i segnali del corpo, tutti i tentativi di

cambiarlo, di trasformarlo, di migliorarlo potrebbero essere destinati a durare il tempo di un breve soundcheck.

Fotoricordo

In tv c'erano Monica di Friends, *Kate Moss, Natalie Imbruglia. E poi c'ero io, che ero molto diversa da loro. Mi sentivo grassa e, come voleva la cultura dei tempi, pensavo anche di essere brutta, debole e per niente amabile. Evitavo gli specchi come la peste, non mi pesavo mai, avevo paura di ciò che avrei potuto vedere. E non mi curavo affatto del mio corpo, non lo ascoltavo, preferivo non pensarci.*

Ho perso i miei anni migliori a sentirmi inadeguata.

Da poco ho ritrovato una vecchia fotografia, risalente proprio a quei tempi lì. E mi sono riscoperta con nuovi occhi: ero solo una ragazzina. Il mio corpo non era affatto come credevo. Lo volevo cambiare, prima ancora di imparare a conoscerlo.

Esercizio 2 – Il tuo appuntamento galante

Ti servirà:
- *un posto suggestivo*
- *una colonna sonora*
- *ascolto attivo in dosi illimitate*

Adesso che hai abbassato il volume di tutti quei motivi assordanti, siete finalmente soli. Tu e il tuo corpo. Da quanto non succedeva?

Immaginalo come un appuntamento. Lo porti fuori, provi a condividere con lui esperienze piacevoli, ti diverti. E lo ascolti, attivamente. Esattamente come si fa (o come si dovrebbe fare) in una relazione.

E proprio come quando siamo a un appuntamento, serve fare attenzione a non interromperlo quando parla, a non giudicarlo, a non dare per scontato ciò che vuole dirti senza prima averlo ascoltato davvero.

Dove porti stasera il tuo corpo?

Come in ogni relazione, anche in quella col proprio corpo ci possono essere alti e bassi e giornate no. Alcune volte potrebbero intromettersi voci svalutanti, occhi indiscreti o potremmo sentirci da meno rispetto alle storie con cui facciamo l'errore di confrontarci.

Siete solo tu e lui.
Tutto ciò che è fuori sarà solo una voce di fondo.
Due premesse indispensabili per la più bella relazione della tua vita.

4
Scortesia sul lavoro
Farcela nel mondo del lavoro

Un lavoro prestigioso

Mi piaceva quando il professore mi diceva che ero brava, mi piaceva quel senso di importanza e di mistero quando gli amici non riuscivano a capire cosa facessi. Mi piaceva sentirmi in un contesto prestigioso, dove i miei studi trovavano finalmente riconoscimento, il senso più alto e l'evoluzione più difficile. Mi piaceva sentirmi parte di quella nicchia di "eletti".

Mi piaceva meno il lavoro in sé. A dire il vero, era molto lento e macchinoso. Passavo mesi a inserire dati in celle Excel e sperare che portassero a un risultato. Ma non sempre era così. Spesso era frustrante: facevo attività di segreteria, correggevo le tesi degli studenti, avevo mille scadenze e nessuno a cui delegare. A volte, passavo tutto il weekend davanti a un monitor per delle attività che poco avevano a che fare con quello che avevo studiato. Non sempre avevo soldi per pagare l'affitto e spesso dovevo farmi aiutare dai miei. A volte mi sfuggiva il senso di tutto.

Mi piaceva fare il dottorato, ma odiavo con tutto il cuore fare il dottorato.

Partiamo dalle basi

Confondiamo spesso il lavoro con l'essenza della persona, il suo senso ultimo, la sua definizione.

Ma quello che significa la parola "lavoro" è tutt'altra cosa:

> *Applicazione delle facoltà fisiche e intellettuali rivolta direttamente e coscientemente alla produzione di un bene, di una ricchezza, o comunque a ottenere un prodotto di utilità individuale o generale (…)*
>
> *Occupazione retribuita e considerata come mezzo di sostentamento, e quindi esercizio di un mestiere, di un'arte, di una professione.*

«Mezzo di sostentamento.» Il lavoro è un mezzo.

Non è la nostra identità, il nostro modo per risolverci o riscattarci dalla compagna di classe che prendeva sempre il voto più alto.

Passiamo così tante ore lavorando che sarebbe impensabile fare qualcosa che non ci rappresenti.

Che, forse, il lavoro abbia assunto un nuovo significato?

Nel contesto di un'economia sempre più competitiva, abbiamo iniziato a considerare il nostro lavoro non solo come uno strumento per ottenere del reddito, ma anche come un mezzo per definire il nostro valore di persona. Il lavoro è considerato adesso un aspetto cruciale delle narrazioni personali, una parte centrale della nostra identità. Lo ostentiamo con amici e conoscenti, facendo spesso fatica a distinguerlo dalla nostra vita privata. L'avvento della tecnologia e dei social media ha reso questo aspetto molto più visibile rispetto a prima: la costante esposizione a successi professionali e realizzazioni lavorative, vere o presunte che siano, ha contribuito ad alimentare ulteriormente le idealizzazioni, facendo sembrare questo tema molto più glamour di quanto in realtà non lo sia. In effetti, stiamo sempre più usando il successo professionale come misura primaria di realizzazione personale. La società contemporanea promuove fortemente l'idea che ognuno possa realizzare i propri sogni lavorativi e questo incoraggia le persone a cercare l'intero senso della propria vita nella carriera, rendendo il lavoro la via principale per raggiungere scopi personali e soddisfare finalmente i propri desideri di successo e realizzazione. Finendo per ritrovarci, paradossalmente, schiavi dei nostri stessi sogni.

La narrativa cortese ci esorta a identificarci in tutto ciò che facciamo, a dirci «se vuoi, puoi», a ricordarci che siamo destinati a grandi cose. Dimenticando, però, che tra le grandi cose c'è anche riuscire a pagare l'affitto a fine mese.

Ci aspettiamo che ogni voce del nostro curriculum

abbia senso in assoluto, caricandola di idealizzazioni e significati estremi, in nome del «sono ciò che faccio».

Romanticizzare il lavoro, pensare che debba essere la nostra missione, proiettarci significati esistenziali, profondi, virtuosi è una cosa tanto bella quanto pericolosa.

Perché no, noi non siamo solo il nostro lavoro.

Per un po' di tempo ce lo hanno fatto credere, spingendoci alla performance, al «se vuoi, puoi» e a storie di successo narrate omettendo, però, dettagli fondamentali. Abbiamo creduto che il nostro lavoro ci debba necessariamente rappresentare e per portare avanti questa convinzione siamo caduti in una spirale performativa e svalutante, dove ogni fallimento equivaleva a un «non ti sei impegnato abbastanza, non ci credi abbastanza».

Abbiamo del tutto dimenticato che il privilegio fa parte della ricetta, dove crederci è importante ma non garantisce nulla. Esistono persone piene di idee e progetti, ma altre che preferiscono investire le proprie energie in altri ambiti della propria vita, perché è bello dedicarsi al proprio lavoro, ma non quando ci incastra in concetti molto più grandi di noi.

Quando la scelta del lavoro diventa un tema identitario e significativo, allora sì che potrebbe bloccarci, diventando una questione molto più difficile da gestire. Di fronte alla quale potremmo non sentirci mai abbastanza pronti per affrontarla.

Sapere che dalla nostra scelta lavorativa possa definirsi tutta la nostra essenza può intrappolarci in una serie di tranelli emotivi che impattano negativamente sul nostro benessere e qualità di vita. La paura di non essere all'altezza delle aspettative legate al lavoro ma, soprattutto, alla propria identità può portarci a temere ogni fallimento, anche piccolo, scongiurandolo per evitare di ritrovarci a essere dei "falliti". E, allora, procrastiniamo, per paura di sbagliare e di sentirci sbagliati. La paura di fallire unita al nostro senso di inadeguatezza, di fatto, ci impediscono di agire, ostacolando l'effettivo raggiungimento dei nostri obiettivi professionali e opportunità, e creando un circolo vizioso di insoddisfazione e autocritica.

Anche chi è sufficientemente lucido per approcciarsi al mondo del lavoro con la giusta leggerezza è una potenziale vittima di questo assurdo sistema, fatto di lavoro non-stop, post autocelebrativi e conversazioni sul business il sabato sera – sempre se riesce a staccarsi dal monitor. Se pensiamo che il lavoro sia l'unica cosa a identificarci, sarà molto facile rischiare di diventarne dipendenti.

Del resto, cosa mai potremmo fare tutto il giorno, se non lavorare?

Puoi essere improduttivo.
Puoi avere tempo vuoto.

In quel vuoto ci sei tu.

Quanta paura ti fa?

Produttività e performance

La spinta alla produttività e alla performance inquina spesso il nostro rapporto con il lavoro, spingendoci a sentirci costantemente sotto pressione per rispettare scadenze e ottenere risultati. Ce l'hanno fatta credere così: meno tempo libero abbiamo, più ci illudiamo di avere successo. Sul lavoro, nelle occasioni sociali, in palestra e perfino in vacanza dobbiamo essere sempre produttivi e performanti: una prassi che quasi diamo per scontata nel nostro modo di vivere, ma che intacca inevitabilmente il rapporto che abbiamo con il nostro tempo. Lamentiamo di non averne mai abbastanza per fare tutto, dal lavoro alla vita privata, alle relazioni, agli hobby; una cronofagia che ci fa puntare a ingurgitare quanto più tempo possibile, senza mai sentirci sazi. Questa ossessione verso il tempo ci consuma dall'interno, facendoci sentire costantemente di corsa e in lotta contro questo nemico spietato e irremovibile. Il risultato? Stress, ansia e una sensazione di costante allerta che ci impedisce di godere veramente delle nostre attività e stare nel presente.

Ma perché diventiamo sempre più spesso schiavi del nostro stesso tempo? Siamo governati dall'horror vacui, l'"orrore del vuoto", terrorizzati dall'idea di rimanere nei tempi morti, soli con i nostri pensieri. E allora riempiamo in ogni singolo istante con attività e impegni, come se dovesse assolutamente esserci qualcosa da fare in ogni spazio della nostra vita. Ci riempiamo di azioni per evitare il vuoto, il silenzio, la stasi.

Un aperitivo importante

Immaginiamo di trovarci a un aperitivo a buffet, di quelli che alcuni chiamano brutalmente "apericena". Attorno a questa tavola ci sono tante persone, quelle a noi più care, ma molte altre sconosciute. Abbiamo in mano un piatto vuoto, mentre ci cimentiamo a scegliere tra le diverse pietanze. Che sono infinite o pochissime, a seconda del nostro grado di privilegio.

Quale scegli?

Nella scelta del pasto, possiamo farci guidare da diversi aspetti. La cosa più sensata sarebbe puntare a quello che, tra i vari piatti disponibili, ci piace di più o, al massimo, ci dà più energia. Agire così sarebbe la cosa più giusta.

Peccato che spesso facciamo tutt'altro. Capita che, nell'approcciarci alla decisione, ci facciamo influenzare e confondere da diversi aspetti: la desiderabilità del piatto, ciò che rappresenta agli occhi della gente, il suo grado di complessità, quanto pensiamo di essercelo meritato. E tanto altro ancora.

«Il piatto che va di moda adesso»
«Il piatto consigliato dai miei genitori»
«Il piatto adatto a una persona come me»
«Il piatto che merito, quello alla mia altezza»

Dopo tutto questo pensare, alla fine optiamo per una fredda insalata di riso Venere con avocado e pomodorini. Anche se odiamo l'avocado e il riso Venere è sempre troppo crudo. Ma continuiamo a sgranocchiare il nostro riso sciapo, con orgoglio e compiacimento, perché gli altri attorno a noi apprezzano e riconoscono la nostra scelta come valida.

Quando scegliamo cosa fare da grandi funziona più o meno così.

Alcune volte abbiamo solamente voglia di un semplice pezzo di pizza bianca. Ma scegliamo comunque piatti sofisticati, pensando che un piatto gourmet dica di noi che siamo speciali e differenti. Altre volte ci ritroviamo immersi in un cocktail di gamberi démodé, acido, ma la scelta più in voga ai tempi dei nostri genitori. Altre abbiamo talmente tanta fame che ci scagliamo dritti sul piatto sgomitando, senza curarci degli altri attorno a noi. Altre ancora prendiamo solo un grissino, perché all'aperitivo c'è gente molto più meritevole… e non possiamo mica pretendere di mangiare quanto tutti gli altri.

Un po' meno.

Nella scelta del lavoro ci facciamo guidare da tanti fattori, alcune volte anche molto fuorvianti. Scegliamo in base alla validità sociale, alla competitività, alla voglia di appartenere a una nicchia speciale, a ciò che ci dicono da sempre essere adatto o non adatto a noi.

Adoriamo elevare la questione a piani molto più

alti, irreali e utopistici, amiamo rendere ogni azione e ogni passo una questione esistenziale. Così come per ogni fenomeno della nostra vita, adoriamo caricare di senso tutto ciò che facciamo.

E il lavoro sta diventando il contenitore principale del nostro modo di percepirci.

È solo un lavoro

Il lavoro non è il grande totem della vita. Non deve definirci, non deve essere rappresentativo della nostra intera esistenza, non deve necessariamente essere la nostra unica missione di vita.

Spogliamoci dei significati più alti e concentriamoci sul suo aspetto pratico: il lavoro è il risultato di tante azioni semplici. Tante piccole azioni, che portano a mini successi o mini fallimenti.

Mini azioni e mini fallimenti che non dicono nulla di noi.

Il lavoro non ci definisce.
O, almeno, non deve farlo sempre.

Il lavoro non è il misuratore assoluto del nostro valore.

Hannibal Lecter era un medico

Possiamo avere un lavoro nobile, ma essere ugualmente vili nel resto della nostra vita. Così come possiamo ritrovarci a svolgere un lavoro *basic* ma continuare a essere delle persone virtuose.

Possiamo trovare i nostri valori nel più umile dei mestieri e questo renderà inaspettatamente bellissimo ciò che facciamo. Così come anche il lavoro dei nostri sogni potrebbe, in alcuni casi, ridursi a un mero strumento per pagare viaggi e birrette.

Possiamo scegliere un lavoro per cui ci sentiamo portati, qualcosa che ci piace, qualcosa che si sposi bene con lo stile di vita che vorremmo, qualcosa che tenga conto del nostro modo d'essere e dei nostri ritmi circadiani.

Oppure possiamo scegliere qualcosa che ci permetta di pagare le spese e basta.

Possiamo muoverci pensando solo al vile denaro, possiamo autorizzarci a fare schifo, possiamo sporcare la nostra realizzazione professionale semplicemente concretizzandola.

L'approccio scortese al mondo del lavoro taglia un po' le romanticherie in eccesso, provando concretamente a bilanciare la sostenibilità economica con la frustrazione.

Perché, chiariamolo bene, se lavorare fosse un'attività totalmente piacevole, nessuno ci pagherebbe per farla. Non me ne voglia chi propone pagamenti in visibilità, complimenti o pacche sulle spalle, ma il compenso esiste. E anche il disagio.

Sono entrambi aspetti da considerare nella scelta del lavoro, quindi smettiamola di aspettarci che il lavoro debba essere sempre piacevole, desiderabile per tutti, la massima rappresentazione di noi stessi e dei nostri valori. Perché non sempre può essere così, o almeno non del tutto.

Il lavoro è lavoro e non c'è niente di sbagliato nel considerarlo così. Altrimenti si chiamerebbe "Erasmus", "concerto", "gelato".

Liberiamoci da tutto il peso di cui carichiamo la nostra realizzazione professionale e ricordiamoci ogni tanto di andarne a rileggere la definizione.

Il lavoro è un mezzo.

Quale attività posso scegliere come mezzo di sostentamento?

Backstage tra i disagi interni

Capita spesso che, nel nostro approccio lavorativo, agiscano dietro le quinte i nostri disagi interni, idee che abbiamo interiorizzato nel corso della vita, sul mondo e su noi stessi. Queste idee alcune volte ci ostacolano, tanto dal trattenerci dall'andare in scena.

Non sei portato

«Lo studio non fa per te.» Ero considerato quello che studiava poco, che preferiva giocare a calcio, che passava interi pomeriggi ad ascoltare vecchi dischi dei Beatles. Ma a scuola no, non ero sveglio abbastanza. Quando i miei compagni impiegavano tre minuti per

leggere un paragrafo, io ce ne mettevo il doppio, se non di più. Non ci riuscivo e quindi non mi piaceva, mi seccavo. E anche gli adulti mi dicevano che non ero portato, che ero svogliato, che non avevo la testa giusta. Per questo, dopo il diploma, ho scelto subito un lavoro qualsiasi; tutti mi dicevano che era la soluzione più adatta a me.

Io, però, sono sempre stato curioso. Peccato che l'abbia scoperto troppo tardi! Ma mai abbastanza per rassegnarmi: passo il mio tempo libero in compagnia dei miei audiolibri. Per i miei colleghi io sono «il dottore» e io sono orgoglioso di quel soprannome. Direi una bella soddisfazione per un ragazzo che «non era portato».

Tra i tanti fattori che contribuiscono a farci scegliere cosa vogliamo fare da grandi, a occupare un posto ingombrante ci sono le idee che abbiamo su noi stessi.

Prendiamo lo status, le nostre aspettative, quello che dicono gli altri e shakeriamo il tutto con le percezioni che abbiamo sulla nostra persona.

Pregiudizi, autovalutazioni o, più spesso, autosvalutazioni sono elementi che hanno un peso importante nella nostra scelta lavorativa, spesso orientandoci verso attività che, lo scopriamo solo dopo, ci costringono a restare dietro le quinte.

Limiti interni, retti da idee e pregiudizi su noi stessi. Limiti che assecondiamo, in nome della "coerenza" ma, di fatto, escludendo a priori tante altre possibilità che potrebbero fare meglio al caso nostro.

Queste idee da sempre ci dicono che non siamo portati, che non è una cosa per noi, che non siamo abbastanza intelligenti, che forse con un'altra testa, o magari in un'altra vita.

I nostri disagi interni amano drammatizzare quando, in realtà, basterebbe solo entrare in scena, scrivere un curriculum, dare un esame, ascoltare un audiolibro.

Quando basterebbe semplicemente provarci, a modo nostro.

Un tuffo nella vita adulta

Spogliandoci di tutti i significati che ci appesantiscono quando guardiamo al lavoro, adesso ci siamo: camminiamo convinti sul bordo del trampolino, pronti a tuffarci con entusiasmo nella vita adulta.

Uno, due e... blocco.

Perché mi blocco?

Alcune volte capita di restare un bel po' su quel trampolino, in attesa di trovare il momento giusto per buttarsi. E, più aspettiamo con trepidazione quel momento, più carichiamo di aspettative e perfezionismo quel tuffo. Tanto da non riuscire mai a lanciarci.

Dietro ai nostri comportamenti di blocco e procrastinazione troviamo spesso il desiderio di evitare pensieri ed emozioni spiacevoli. Potremmo aver paura di sbagliare, di capire che non siamo all'altezza, potremmo aver paura di fallire e, per deduzione cortese, di sentirci dei falliti.

Eppure, ve l'avevo detto di spogliarvi di tutti quei significati esistenziali.

Non solo: a farci restare su quel trampolino è anche il nostro tanto amato perfezionismo, che ci blocca immobili in attesa delle condizioni perfette, della preparazione perfetta, della motivazione perfetta. In attesa che arrivino tutte queste cose, noi continuiamo a non fare niente, non sosteniamo gli esami, non mandiamo curricula, non prendiamo iniziative. Non ci tuffiamo, bloccati dall'illusoria convinzione che, per farlo, dovremo prima avere la preparazione, il fisico, la tecnica di Federica Pellegrini.

In attesa di diventare improvvisamente Federica Pellegrini, restiamo, però, immobili e asciutti.

Quanta paura fa il fallimento?

Poche chiacchiere: abbiamo paura di fallire. Così tanta da immobilizzarci, in attesa di quella garanzia che ci rassicuri e protegga da ogni fallimento.

Sbagliatissimo.

> **Reminder scortese**: Il fallimento esiste e sarà una parte inevitabile del percorso.

Devi prenderne atto.

Ma non tutti i fallimenti sono uguali. Fare una

gerarchia di fallimenti può aiutarci a espandere lo sguardo e smorzare un po' la luce da terzo grado che puntiamo sulle nostre singole attività.

In Psicologia Scortese si distinguono i *mini fallimenti* dai *maxi fallimenti*.

I mini fallimenti avvengono quando sbagliamo un compito, una prestazione, commettiamo un errore nel nostro percorso. Sono legati a ciò che facciamo: non dicono niente di noi, al massimo, dicono delle nostre azioni. Senza mini fallimenti è davvero impossibile imparare.

I maxi fallimenti invece si verificano quando a fallire non è un risultato o una scelta, ma la nostra stessa idea di realizzazione. Si tratta di un maxi fallimento solo se non facciamo ciò che ci va, se restiamo bloccati, senza agire in base ai nostri valori. Visto così, il maxi fallimento è dato, più che da azioni sbagliate, da tante non azioni.

Anche il maxi fallimento non dice niente di noi, ma è l'unico che potrebbe aver senso evitare per non ritrovarci in vite che non ci piacciono.

La cosa bella è che, per evitare il maxi fallimento ci basta solo fare, sbagliare e continuare a fare.

Per evitare di fallire, non resta altro che tuffarsi.

E allora mi tuffo! ... E adesso?

Siamo in acqua. Crediamo di aver superato il blocco da condizione perfetta, momento perfetto, preparazione perfetta. E abbiamo trovato il coraggio di tuffarci.

Siamo finalmente in piscina e ci cimentiamo in uno stile libero che, però, bracciata dopo bracciata, avvertiamo sempre più faticoso.

Era quello che volevo da tempo... ma perché adesso mi affanno tanto?
Perché non riesco a godermela?

Anche dopo esser stati in grado di tuffarci nel mondo del lavoro, il perfezionismo potrebbe bussare di nuovo alla nostra porta, provando a rovinarci ugualmente la festa: non gli va mai bene niente di quello che facciamo.

Non dire più

- *«Non puoi permetterti di sbagliare.»* Sì, invece. L'apprendimento è fatto di prove ed errori, non si può evitare.
- *«O perfetto o niente.»* La classica frase che dicono quelli che non si sono ancora tuffati.
- *«Non è mai abbastanza.»* Si può sempre fare meglio. Nel frattempo, è utile anche fermarsi e celebrare i microsuccessi e imparare dai microerrori.
- *«Come faranno senza di me?»* Scommettiamo che sopravvivono?

A che punto è il tuo perfezionismo?

Momento zero: le idee perfezioniste banchettano nella nostra mente.

Step 1: «Prima devo sapere tutto.» E quindi non faccio niente. Mi blocco.

Step 2: Una volta superato il blocco iniziale capisco che non è mai abbastanza. Faccio cose, ma che stress!

Step 3: Smollando il perfezionismo arrivo finalmente a superare l'affanno e muovermi senza farmi sopraffare da tutti i miei disagi interni. Ora sì che mi piace!

E poi arriva l'ansia da prestazione

Il perfezionismo ha una compagna assai sgradevole. Si chiama "ansia da prestazione" ed è un'invitata molto invadente che prova spesso a rovinare il clima a bordo piscina. Si avvicina alla vittima designata e le sussurra nell'orecchio uno dei suoi tanti messaggi. Il suo preferito: «Sono tutti lì a osservarti mentre nuoti».

Porta con sé anche il senso di inadeguatezza, la sindrome dell'impostore e il resto di quell'allegra comitiva dei nostri disagi personali. Ma chi li ha fatti entrare?!

L'ansia da prestazione riguarda la nostra idea di ciò che gli altri si aspettano da noi.

La nostra idea. Che è ben diversa da quello che gli altri si aspettano realmente da noi.

Therapy spoiler. Gli altri si aspettano anche meno.

Nessuno si aspetta davvero qualcosa da te, dai tuoi tuffi e dal tuo modo di nuotare.

Ognuno è concentrato sui propri, di tuffi e, per quanto l'impatto di ciò che facciamo possa sembrarci enorme, per gli altri siamo solo uno tra i tanti frequentatori della piscina.

Il nostro lavoro alcune volte sarà importante per gli altri, ma molte altre volte no. E andrà bene così perché da te nessuno si aspetta l'eccellenza. Non farlo neanche tu.

Di Federica Pellegrini ce n'è una sola.
E nessuno pensa che debba essere tu.

Questo dovrà spingerci a prepararci meno, avere meno ambizione, sottovalutare i nostri compiti?

Certo che no.

Riconsiderare in maniera realista le aspettative degli altri su noi stessi e sul nostro lavoro, ricalibrarle, non significherà smettere di lavorare sodo, studiare, provare a migliorarci e andare oltre i nostri personali limiti.

Ma fare un giro fuori dalla nostra mente ci aiuterà a staccarci dai nostri deliri di unicità e protagonismo e vedere le cose con la giusta prospettiva. Che non è sicuramente quella di quando abbiamo l'ansia da prestazione.

Alcune volte l'unica cosa di cui abbiamo davvero bisogno è cambiare aria e prendere una boccata di pensieri freschi.

Il disagio è dentro di te. Ma anche fuori non si scherza

Tutto quello che abbiamo descritto fino a ora è da attribuirsi a dei disagi che si possono generare e sviluppare dentro la nostra mente.

Ma, se parliamo di lavoro, anche il mondo fuori non è proprio un idillio.

Dopo aver fatto pace con idee svalutanti, ansia, perfezionismo e altri simpatici amici che bivaccano abusivamente nella nostra mente, è importante, adesso, considerare il disagio esterno, ossia il disagio che non proviene esclusivamente da nostre paranoie, ma da stimoli lavorativi insostenibili, al di là delle nostre percezioni distorte.

Già, perché il disagio lavorativo non è solo frutto della nostra immaginazione.

Esistono situazioni lavorative dalle prassi malsane, lavori che metterebbero alla prova la migliore salute mentale possibile. Il disagio esterno può trasformarsi spesso in stress, che può diventare cronico e spingerci, poi, al burnout, cioè a uno stato di esaurimento e sopraffazione.

Il burnout è una condizione di disagio emotivo, fisico e mentale causato da un'eccessiva e prolungata esposizione allo stress lavorativo. Può manifestarsi quando ci si sente esausti, demotivati e incapaci di affrontare le richieste del lavoro in modo efficace. Siamo in burnout quando siamo, letteralmente, "esauriti". Il burnout può essere causato da un carico di lavoro eccessivo e continuo che supera le capacità e le risorse individuali, come quando abbiamo scadenze serrate, volumi di lavoro eccessivi o mancanza di risorse a disposizione.

Il burnout può anche essere causato da tensioni interpersonali, conflitti e assenza di supporto, fiducia o collaborazione. Molto spesso a determinare questo stato di esaurimento è il confine sfocato tra vita professionale e personale: la tecnologia e la cultura moderna del lavoro possono portare a un senso di costante connessione e disponibilità, che mescolano ulteriormente i confini tra dimensione personale e professionale, ostacolando il distacco e riposo necessari a scongiurare il burnout.

Messi a bada l'ansia e il perfezionismo, quanto a lungo ti va di nuotare in una piscina piena di onde alte e improvvisi mulinelli?

Per tutelarci dallo stress, qualsiasi sia il nostro lavoro, è importante tener conto dei due elementi da bilanciare: compenso e soglia di disagio tollerabile.

Facciamoci due domande:

Da 1 a 10 come reputo il compenso che ho dalla mia attuale attività?

Da 1 a 10 come reputo il disagio collegato a essa?

Situazioni standard

Poco compenso, poco disagio = Attenzione a inattività, noia, frustrazione
Molto compenso, molto disagio = Allarme stress e ansia

Situazioni surreali

Poco compenso, molto disagio = Dimmi perché lo fai
Molto compenso, poco disagio = Raccontaci il tuo segreto

A seconda del momento della nostra vita e delle priorità che abbiamo, compenso e disagio tollerato possono avere diversa importanza.

Gratificazione e compenso economico

A seconda del focus che abbiamo, possiamo trovarci in diverse situazioni a cui è bene guardare con consapevolezza.

Focus: gratificazione

Se siamo al principio della carriera, se ciò che facciamo ci piace, se non abbiamo particolari bisogni economici e preferiamo dare priorità all'attività scelta, potremmo tollerare un compenso ridotto, sbilanciandoci verso un lavoro che ci porta meno disagio rispetto ad altri, anche a costo di guadagnare poco. Se decidiamo di muoverci in questa direzione, ammetteremo con più facilità di avere dei compensi limitati, almeno agli inizi. In questo caso non è detto che la situazione ci porti a provare noia o frustrazione. Perlomeno, non nel breve termine.

Focus: big money

Se abbiamo priorità alte in termini economici, possiamo muoverci accettando di più il disagio esterno, ricordandoci che il focus primario è il compenso, non il piacere. Se abbiamo bisogno di soldi, saremo più tolleranti verso il disagio necessario a ottenerli, considerando, ovviamente delle soglie massime di tolleranza, al di sopra delle quali non è umanamente sano spingersi.

Insieme al nostro focus, è sempre bene ricordare le nostre priorità del momento. E chiederci, ogni tanto, se quel lavoro sia ancora sostenibile per noi.

La formula contro il burnout

Per evitare che stress e ansia abbiano la meglio e ci portino al burnout, l'ideale sarebbe raggiungere un buon grado di equilibrio tra compenso e disagio.

La formula contro il burnout
giusto compenso + giusto disagio = equilibrio

Che, però, non è sempre facile da ottenere.

Situazioni estreme

E di lavoro che fai?

Se abbiamo un lavoro stupendo, ma compensato solo da complimenti e pacche sulla spalla: bellissimo, ma non chiamiamolo "lavoro".

Belli i soldi, ma quanto spendi poi dalla psicologa?

Se per diventare ricchi dobbiamo tollerare frustrazioni, umiliazioni, stress e non avere il tempo per stare con i nostri cari, vivere o banalmente spendere i soldi derivanti dal nostro stesso disagio, quel lavoro non è più un mezzo sostenibile, soprattutto non per la nostra salute mentale.

Tranquilli.

Se non siamo così scaltri da riconoscere le situazioni estreme, ben presto sarà il nostro corpo a parlare per noi, proponendoci un vasto repertorio di disturbi psicosomatici.

Vi consiglio di non ignorarli.

"Metà del tuo dovere"

Il disagio esterno trova abbondante terreno fertile nel nostro senso di inadeguatezza interiore.

Cosa che è sempre più comune: portiamo i sensi di colpa di una generazione che non si è sacrificata abbastanza. Noi, cresciuti con «c'è la crisi», con «hai fatto metà del tuo dovere», con Mila che sudava sangue e veleno sul campo di pallavolo, siamo venuti su pensando che il sacrificio sia il solo elemento che può validare i nostri risultati, con la formula sacrificio = merito.

E, allora, ne tolleriamo tante di frustrazioni, convinti di non aver fatto ancora abbastanza. Convinti che il sacrificio validerà il nostro essercelo meritato.

Tra il disagio esterno e il nostro senso di inadeguatezza c'è della chimica. Quella tipica delle peggiori relazioni tossiche.

Un match molto frequente in cui ha la meglio chi prova ad approfittare delle nostre insicurezze e, in nome del sacrificio, ci spinge a dare sempre di più. Spesso, a costo della nostra stessa salute.

Tutta colpa dei cartoni giapponesi

L'idea che il sacrificio debba essere la premessa a tutto ciò che otteniamo ci è stata inculcata così bene da cartoni animati e modi di dire al punto da spingerci, poi, a morire di rabbia, invidia e frustrazione quando davanti a noi troviamo chi raggiunge ugualmente dei risultati, e senza troppa fatica. Puntiamo il dito contro figli d'arte, *youtuber*, *creator* e tutte quelle altre persone e professioni che crediamo abbiano avuto successo senza troppi sacrifici. Ammesso che sia davvero così, piuttosto che investire lo stesso pathos per la nostra realizzazione, sprechiamo tempo ed energie preziose in rosicate, svalutazioni e commenti da hater, ovviamente protetti dal nostro fidato schermo.

Ma succede anche il contrario. Può capitare di ottenere una promozione, un aumento, a volte anche solo un complimento. E di non riuscire ad accettarlo.

Sentiamo di non essercelo meritato. Al contrario di Mila, pensiamo di non aver sudato abbastanza sangue e veleno, di non esserne all'altezza. Pensiamo di essere degli impostori.

PER SEMBRARE GENTE CHE NE SA

Dottoressa, ho la sindrome dell'impostore!

Un bel giorno le psicologhe Pauline Clance e Suzanne Imes si incontrano con un gruppo di donne di successo e riscontrano uno strano fenomeno che, in un impeto di fantasia, decidono di chiamare "sindrome dell'impostore".

Ascoltando le parole di chi si sente spesso un "impostore", ho capito ben presto che la sindrome dell'impostore non è nient'altro che una voce dentro di noi che ci dice che no, quello che abbiamo proprio non ce lo meritiamo. Simpatica, vero? Capita quando siamo abituati a non sentirci mai "abbastanza" meritevoli delle cose che abbiamo, abbagliati da un ideale di merito estremamente romanzato, oltre che da aspettative sulla nostra realizzazione lievemente castranti. Educare bambini e bambine al coraggio e all'intraprendenza non è sicuramente l'unico modo per prevenire la sindrome dell'impostore. Ma potrebbe essere un punto di partenza, cosa ne dite?

Tendiamo spesso a confondere il sacrificio con il merito.

Ma crediamo davvero che ottenere qualcosa senza

prima essere un po' morti dentro, voglia dire non meritarselo abbastanza?

Allo stesso modo... siamo sicuri che il sacrificio da solo basti a raggiungere ciò che vogliamo? Che l'abnegazione paghi sempre?

E se poi non funziona?

Mila si allenava a tutti i costi e ha vinto le Olimpiadi di Seul. Ma in quante hanno fatto la stessa fatica per poi perderle, le Olimpiadi?

Tendiamo spesso a pensare che "un giorno tutto questo sacrificio sarà ripagato". E se non succede?

E, anche ammesso che quel giorno esista, come vogliamo arrivarci?

È bellissimo studiare per il lavoro per cui siamo nati, prepararsi al meglio per raggiungere un traguardo desiderato, sudare per arrivare alla nostra prima scelta lavorativa.

Ma c'è una sottile e decisiva differenza tra impegno e sacrificio.

«Noi facciamo quello che possiamo fare. Forse bisognerebbe imparare ad aspettare e non avere sempre un compito. Bisognerebbe imparare a oziare, che non significa essere passivi, ma avere un rapporto più rilassato con la vita, col mondo.»

GIOVANNI SERMONTI
La stanza del figlio

Come voglio che sia la mia vita mentre mi impegno a raggiungere i miei obiettivi?

Un talento sprecato

«Sei nata per fare la ballerina.» Mia madre, la mia insegnante di danza, tutti non facevano altro che ripetermelo. E all'inizio ci credevo anch'io. Del resto, vado a lezione di danza da quando ho memoria. Non riesco neanche a immaginare una vita senza. Non riesco a immaginare me stessa senza. Mi dicevano: «un talento così non puoi certo sprecarlo». E vivevo portandolo con me, quel talento. Lo portavo a scuola, lo portavo nel tempo libero, lo portavo a tavola, quando facevo shopping. Alcuni giorni diventava una borsa pesantissima che mi rallentava e mi impediva di dedicarmi ad altro, di pensarmi in altro, di vivere di altro.

Aveva la precedenza su tutto: io ero una ballerina, prima ancora di capire chi fossi.

Ho finito per odiarlo, quel mio talento. Esattamente nel momento in cui ho iniziato ad amare la mia vita. Sono una ballerina, ma sono anche una ragazza che ama viaggiare, che va ai concerti di Madame, che esce la sera con le amiche e ordina la pizza e il gelato come tutte le altre. La danza ci sarà sempre, ma non nel modo che si aspettano gli altri. Starò sprecando il mio talento, ma sono certa che non lo starò facendo con la mia vita.

Condannati al talento

Per alcune persone conoscere il proprio talento può diventare una vera e propria condanna. Perché non sempre si vuole spendere la propria vita sacrificandosi in nome di ciò per cui si è portati.

Possiamo sprecarlo.

Non sempre la scelta più giusta è quella che fa per te. Non è necessario scegliere una sola direzione e portarla avanti, sopra ogni altra cosa.

Si può fare altro.

E si può cambiare idea.

La tua scelta definitiva solo se sei su Chi vuol essere milionario?

Ci hanno detto che si deve essere bravi in una sola cosa. E che ci sia solo un lavoro giusto per ognuno di noi.

Cresciamo con l'idea che ogni persona sia destinata a un'unica strada e che basti sceglierne una. Facile, no?

Ma per alcuni pensarsi realizzati attraverso una sola attività non è affatto facile. Ogni scelta può implicare una rinuncia. Una perdita di tutto il resto.

Ma se io cambio idea spesso, come faccio a trovare la mia strada?

E perché l'hanno trovata tutti tranne io?

Troppe idee per una sola persona

A sei anni volevo fare l'astronauta. A quindici la professoressa di latino, a diciassette la pasticciera, a venti la ricercatrice. Gli altri mi hanno sempre definita «incostante», «poco determinata», «volubile», «banderuola». E perché non creder loro? I miei amici sceglievano il loro percorso e lo portavano a termine. Io, invece, ho dovuto cambiare tante strade. E anche adesso che ho un lavoro più o meno stabile e che mi soddisfa, proprio non riesco a pensarmi realizzata solo attraverso questa unica strada. Come potrei rinunciare a tutto il resto?

Io sono tutto il resto.

Esistono persone con una particolare curiosità che le porta a sviluppare diverse competenze, in ambiti anche molto diversi tra loro. Possono avere numerosissimi interessi, che non sempre riescono ad approfondire o portare a termine. Questo continuo "vagare" tra un corso di giapponese e un libro di cucina le fa spesso sembrare poco determinate, incostanti e molto volubili. Possono avere una forte rapidità nell'approcciarsi alle cose, nell'immergersi e poi, quindi, anche, nello stancarsene.

Quando il mondo fuori ci dice che la nostra scelta deve essere una e una sola e che, una volta iniziato un percorso, lo si deve necessariamente portare a termine, a noi può capitare tutto l'opposto. Non con pochi disagi, dovuti a una realtà che demonizza questo modo di procedere, etichettandolo come "incoerenza" e "scarsa determinazione".

Therapy spoiler. Possiamo cambiare idea. Possiamo avere interessi molto diversi tra loro.

La soluzione è concedersi di sperimentare e di cambiare idea, senza temere l'ergastolo al tribunale della coerenza.

Te la buco 'sta coerenza.

La colpa è di come viene posta la domanda «Che cosa vuoi fare da grande?».

Non sempre abbiamo le idee chiare su cosa vogliamo fare da grandi. O, anche se abbiamo dei sogni, non sempre riusciamo poi a raggiungerli. E non è sempre detto che, poi, abbia senso inseguirli tutti.

Che sia quindi il caso di formulare meglio il quesito?

Diario scortese – Cosa vuoi fare da grande?
Da piccola non volevo fare la psicologa. Neanche immaginavo cosa fosse la psicologia. Quando gli adulti mi chiedevano cosa volessi fare da grande, avevo tanti sogni, volevo fare tanti lavori. Volevo fare la pittrice, la stilista, la medica, la sportiva. Non avevo un sogno solo, ma tante idee di realizzazione, che cambiavano spesso, ma che, ho capito dopo, più che un COSA, *avevano in comune un* COME.
Non sono diventata una pittrice, né una stilista, una medica o una sportiva. Ma ho capito che quei lavori avevano in comune quei "come" che ho provato ad applicare alla professione che ho poi scelto da adulta.

La creatività, la determinazione, l'ascolto… e tanti altri.
Non sempre riusciamo a realizzare tutti i sogni che avevamo da bambini. Ma possiamo trovare i nostri sogni nella vita che abbiamo costruito da adulti.

E se ci chiedessimo COME *vogliamo fare da grandi?*

Esercizio 1 – Indovina COME

Proprio come in *Indovina chi?* immaginati seduto di fronte a te stesso, con al centro le due schede composte da tante caselle quanti sono i lavori possibili. A ogni domanda, dovrai abbassare le tessere che non soddisfano più i requisiti richiesti.

Indovina COME *deve essere il tuo lavoro?*

Immagina la tua giornata ideale, la tipologia di attività che vorresti svolgere, immagina di raccontare a qualcun altro com'è la tua vita lavorativa, anche entrando nel dettaglio della mansione.

Per abbassare le prime tessere, ti suggerisco io qualche domanda. Ma sono certa che, entrando nel vivo della partita, saprai chiederti di meglio.

Da remoto o in sede?
Di giorno o di sera?
Da solo o con altre persone?
Meglio la routine o la creatività?
Con viaggi frequenti?

Meglio stancarsi fisicamente o mentalmente?

Grazie a questi e a tanti altri quesiti, di volta in volta escluderai le caselle più improbabili e gradualmente arriverai a delle soluzioni concrete potenzialmente valide per indovinare COME dovrà essere il tuo lavoro.

In questo gioco tocca mettere da parte l'ansia, le tue presunte (in)competenze, la sindrome dell'impostore, le svalutazioni. Solo una volta indovinato COME, puoi permetterti un esame di realtà e capire nel concreto quali passi ti mancano e quali invece hai già fatto nella direzione desiderata.

Come deve essere il mio lavoro?

Valori livello pro

Ritornando indietro nel tempo – e nelle pagine, se avete già scordato la questione dei valori – possiamo prendere i nostri valori, cioè la direzione che orienterà le nostre azioni, e riconsiderarli nel nostro modo di lavorare. Uno sguardo verso i valori ci aiuterà a definire meglio il nostro "come" e capire quali caratteristiche devono avere la nostra vita e il nostro lavoro per farci restare sulla direzione che vogliamo.

Riesco a esprimere alcuni valori nel mio lavoro? Quali?

Non è detto che ci debba sempre essere una corrispondenza.

Se il mio valore è la creatività, ma il lavoro che mi ritrovo non è un lavoro creativo, devo mollare tutto e fare l'artista di strada?

No. Se ho il valore della creatività, potrei trovare un lavoro creativo, ma anche applicare soluzioni creative al mio lavoro non creativo, oppure provare ad avere uno stile di vita che mi permetta di esprimere questa creatività fuori dall'orario lavorativo.

Come andare in ufficio di giorno e di sera suonare in una cover band.

Lavoro e valori non sempre potranno combaciare alla perfezione: l'importante è che non entrino troppo in contrasto.

Se uno dei miei valori principali è l'onestà, cosa fare se il mio lavoro prevede inganni e truffe?

I valori possono esprimersi fuori o dentro il lavoro che abbiamo. Ma, se sono totalmente in antitesi con la nostra vita, allora sì che abbiamo un problema.

Se i valori del tuo lavoro sono tanto diversi dai tuoi, forse è il caso di fermarsi a riflettere.

Farcela sul lavoro

Riepilogando. Il lavoro serve a sostenerci, non a definirci. Deve garantire quel giusto compromesso tra compenso e disagio tollerato, per questo non serve che esprima necessariamente tutti i nostri valori. Allo stesso tempo, è molto importante che non sia totalmente in contrasto con ciò in cui crediamo, perché è un attimo che scatti la crisi. Non siamo solo ciò che facciamo, ma è importante non allontanarci troppo da noi stessi.

Come devo essere io sul lavoro?

Si fa presto a dire "autenticità"

Lo sappiamo, il mondo del lavoro non è proprio un'isola felice.

Siamo bombardati da storie di successo, da ragazzi laureati a quindici anni, da imprenditori con gli attici a Dubai, da donne in carriera performanti, ma che strizzano l'occhio alla maternità e, perché no, anche ai canoni di bellezza, perché per essere davvero di successo devi averle un po' tutte.

Dobbiamo essere lavoratori brillanti, dinamici, socievoli, credere nello slogan propugnato dal primo post trovato su LinkedIn. Insomma, per molte persone lavorare significa abbandonare ogni pretesa di autenticità e fingere di essere persone diverse, per almeno otto ore al giorno.

La verità è che non tutti siamo estroversi, non tutti diamo il nostro meglio in team, non tutti siamo proattivi trecentosessantacinque giorni l'anno. Ma, spinti dalla pressione, dalla competizione e da un certo tipo di mood sempre più di moda, pensiamo che indossare la maschera del lavoratore standard sia l'unico modo per farcela. La portiamo con noi ogni giorno della nostra vita, indossandola insieme alla giacca: una bella maschera da lavoratore prototipico. Che, a guardarla meglio, sembra sempre più un passamontagna.

Pensiamo che fingere di essere una persona diversa anni luce da ciò che siamo sia davvero l'unica alternativa per prendere spazio nel mondo del lavoro.

Smettila di farlo. Non devi più snaturarti per adeguarti a queste presunte aspettative.

Quel prototipo di lavoratore puzza già di vecchio.

Non serve fingere di essere espansivi, dinamici e amare i propri colleghi. Né sforzarsi di mostrarsi diversi da ciò che siamo. Serve solo diventare più consapevoli, senza pregiudizi o rigidità. Quando ci troviamo sul lavoro capita di scontrarci con le nostre emozioni, spesso sentendoci sbagliati o inadeguati rispetto al contesto. Il senso di inadeguatezza porta a sentirci incompetenti, non all'altezza, a volte, "impostori". Accade quando percepiamo di non essere in grado di soddisfare le aspettative dei nostri capi, colleghi o clienti, di non essere all'altezza dei compiti da sostenere e, più in generale, di non essere degni di successo o felicità. Questo stato emotivo può essere influenzato da molteplici fattori tra cui, per esempio, l'autostima personale, le aspettative sociali, le esperienze vissute in passato o l'esposizione al costante confronto con gli altri. Sentirci sempre sbagliati può avere un impatto significativo sul benessere emotivo e sulla fiducia in noi stessi, influenzando il nostro comportamento e le decisioni che prendiamo.

Il senso di inadeguatezza porta a sentirci "falliti" quando falliamo e "impostori" quando, invece, otteniamo dei risultati. A volte può essere indicatore di una condizione esistenziale in cui ci sentiamo sbagliati, non solo per ciò che facciamo, ma proprio per ciò che siamo, per il modo in cui siamo fatti.

Il modo scortese di lavorare incoraggia l'insuccesso tanto quanto il successo, promuove la sperimentazione e la diversità e lascia spazio anche alle persone che non hanno quei tratti di personalità che pensiamo essere indispensabili per avere successo.

Puoi fare carriera anche se sei una persona introversa.

Scortesia sul lavoro è raggiungere quell'integrazione

tra "io persona" e "io lavoratore". Un'impresa difficile, ma che ci darà grande respiro.

Più che dei lavoratori prototipici, è importante puntare a essere dei lavoratori consapevoli. La consapevolezza di come siamo fatti, delle nostre qualità – quelle reali, non quelle che dovremmo avere – è una risorsa decisiva per farcela davvero nel mondo del lavoro.

Sapere chi siamo ci farà evitare di perdere altro tempo in questa recita low budget che insceniamo quando varchiamo la porta dell'ufficio.

Con benefici per tutti.

In questo mondo che ci vuole tutti uguali e sempre sul pezzo, per non perderci più tra richieste dell'ultimo momento, battutine passivo-aggressive e svalutazioni a pioggia è necessario far valere i propri diritti, primo tra tutti il diritto a essere noi stessi.

L'autenticità è una questione di diritti.

Diritti scortesi per sopravvivere sul lavoro

- Diritto all'"anche no". Puoi dire di no e rifiutarti di fare qualcosa.
- Diritto al "time out". Puoi fermarti e chiedere più tempo per prepararti o svolgere un compito.
- Diritto al "le faremo sapere". Non devi rispondere subito. Puoi prendere tempo prima di accettare o rifiutare una richiesta.
- Diritto di "S.O.S.". Puoi chiedere aiuto, puoi delegare.
- Diritto alla salute. Puoi aver cura di te, puoi dare

precedenza ai tuoi bisogni e priorità, puoi tener conto della tua salute mentale.

- Diritto di feedback. Puoi fare critiche costruttive, puoi dire la tua opinione anche se contraria a chi è sopra di te nell'organigramma.
- Diritto di credertela. Puoi sentirti capace, abile, preparato. Puoi chiedere un aumento, puoi credere nelle tue competenze, senza dover essere sempre umile.
- Diritto di schifo. Puoi sbagliare, capita.

Alert: sono diritti, non pretese. Esercitare un diritto è diverso dal pretendere che l'altra persona risponda positivamente alle nostre richieste. Allo stesso modo, tali diritti hanno validità bidirezionale, cioè devono essere dati e riconosciuti per noi stessi e per gli altri.

Attenzione alle modalità: qualsiasi diritto può essere vano se viene espresso con modalità socialmente inaccettabili, tipo mandare messaggi fuori dall'orario lavorativo, chiamare il capo mentre è a pranzo con la famiglia, screditare chi occupa il posto che crediamo ci spetti.

L'approccio scortese sul lavoro ci permette di stabilire relazioni lavorative che tengano conto dei nostri diritti, ma sempre considerando che esistono altri cervelli nel mondo, oltre al nostro.

Farcela sul lavoro presuppone fare chiarezza su ciò che è davvero importante nella nostra realizzazione lavorativa, per affermare noi stessi e comunicare i nostri bisogni in maniera utile. Schivando tutto ciò che non è per noi.

"Io persona" e "io lavoratore" non devono essere più due cose diverse.

Non sei il tuo lavoro, ma il tuo lavoro può essere te. Almeno un po'.

5
Scortesia nelle relazioni
Siamo tutti casi umani... anche tu!

La mia relazione tossica

Si fa sentire improvvisamente, mi porta a cena in tarda serata, mi sveglia di notte solo per fare l'amore.

E io, dipendente, faccio tutto ciò che vuole.

Perché adoro le sue fisse musicali, i suoi piani dell'ultimo momento, le sue idee strane. Perché senza, io non esisto.

«*Una relazione tossica*», *direbbero gli altri.*

Che, però, io ho con me stessa.

Stare nelle relazioni è un gran casino.

Anche quando conosci la teoria, anche quando sei una psicologa. Davvero una gran fatica. Tutta colpa di quando noi umani abbiamo deciso di essere degli animali sociali. Non ci bastavano la posizione eretta, la burocrazia, l'intolleranza al lattosio. Perché non infilarsi anche in questa cosa delle relazioni?

Stiamo in relazione con i compagni di corso, con i

colleghi, con gli altri genitori nel gruppo WhatsApp della scuola e con diverse altre persone che incrociamo sulla nostra strada e che poi, spesso, perdiamo. Basta guardarsi attorno per capire che possiamo avere tanti tipi di relazione, ognuna con le proprie caratteristiche e con il proprio grado di profondità. Ciascuna, anche, con il proprio grado di disagio. Già, perché non è sempre facile gestire con maestria tutti i rapporti che contaminano la nostra quiete solitaria.

Se condividere il mondo con altri esseri umani ci porta via grandi energie, è con le relazioni significative che il gioco si fa ancora più duro.

Le relazioni significative sono quei legami che portano a uno sviluppo personale profondo. Capita quando ci sentiamo compresi e connessi autenticamente, quando troviamo sostegno emotivo, fiducia e affetto.

Tutto bello, direte. Ma non per questo privo di problemi. Le relazioni significative possono svilupparsi in diversi ambiti della vita e attraverso diverse modalità: le creiamo fin da subito in famiglia (a cui dedicheremo un capitolo a parte), ma le sperimentiamo anche con gli amici e nelle relazioni romantiche. Ed è proprio da qui che partiremo perché, tra tutte, pensiamo che quella amorosa sia la *queen* delle relazioni, la relazione che gerarchicamente mettiamo sopra tutte le altre.

Perché, si sa, l'«amore vince su tutto».

Che coss'è l'amor?

Fin dalla tenerissima età, ci scontriamo con diverse rappresentazioni di questo affascinante sentimento. Impariamo che cos'è l'amore osservando i nostri genitori e le persone attorno a noi. Ma non solo: lo deduciamo anche attraverso le favole che ci raccontano, quello che passa in tv, i romanzi, i film, le serie, la musica, i talk show. Assorbiamo tutte le rappresentazioni che contribuiscono a creare e alimentare la nostra idea di amore.

Non siamo ancora in grado di allacciarci le scarpe che già abbiamo interiorizzato come, in teoria, dovrebbe essere. Tutto attorno a noi ci dice che cos'è, ci mostra come funziona, direttamente o indirettamente.

Arriviamo all'adolescenza con già alle spalle una solida bibliografia sul tema, fatta di citazioni cinematografiche, canzoni struggenti e modelli più o meno realistici di ciò che dovrebbe essere una relazione amorosa.

Ma è davvero quello l'amore?

Amore: sentimento di viva affezione verso una persona, che si manifesta come desiderio di procurare il suo bene e di ricercarne la compagnia.

L'amore è un sentimento.

Un sentimento all'interno del quale distinguiamo due macrofasi. E le fraintendiamo terribilmente.

La prima fase è l'innamoramento ed è caratterizzata da euforia, alte concentrazioni di dopamina, farfalle nello stomaco ed espressioni facciali di inebetimento.

Nel cervello si accendono gli stessi circuiti che si attivano durante l'assunzione di sostanze stupefacenti. Infatti, proprio come sotto effetto di stupefacenti, viviamo una vera e propria "botta", dalla quale non vogliamo uscire. A volte ne restiamo aggrappati, dipendenti, chiedendone ancora e ancora. Anche quando ci fa del male.

Ma l'amore non è solo innamoramento. Se siamo in grado di superare indenni la prima fase, iniziamo, poi, a metterci comodi, togliere le scarpe e rilassarci un po'. Le farfalle nello stomaco diventano orsetti gommosi e l'espressione inebetita lascia spazio alla nostra di sempre – a voi l'ardua scelta di quale tra le due sia meno imbarazzante. Il cervello aumenta la produzione di ossitocina e di vasopressina, due ormoni che contribuiscono alla creazione e al mantenimento di una relazione stabile e serena. "Contribuiscono", non "assicurano". Ma noi, ingenui, confondiamo gli effetti di questi ormoni con la garanzia che niente possa più smuoverci da quella posizione così tanto comoda. Illusi che, una volta scattato l'amore, non ci sia altro da fare che starsene immobili a osservarlo, senza un minimo di impegno. Che teneri che siamo.

Complice il background sociale, pensiamo erroneamente che l'amore sia un traguardo di realizzazione. Quasi come se dovessimo vivere tra parentesi fino all'arrivo della relazione perfetta, quel momento in cui troveremo l'amore che abbiamo da sempre sognato, decretando finalmente il raggiungimento della felicità assoluta che solo la relazione romantica può garantirci.

Prima di questo, dovremo inevitabilmente passare da momenti intensi di coinvolgimento, ma anche da drammi e devastazione.

Insomma, anche solo guardando sommariamente questo sentimento, capiremo subito che ci ritroviamo invischiati in credenze e aspettative sul tema così radicate in noi al punto da renderne impossibile una definizione univoca.

Che ci piaccia oppure no, la tendenza a cercare legami affettivi fa parte della nostra storia di esseri umani. Trovare uno o più partner romantici è stato essenziale per la nostra esistenza; è ciò che ha permesso di evolverci, di procreare e, alcune volte, anche di sopravvivere. Ma se avere relazioni significative contribuisce al nostro benessere psicologico, regole e modalità all'interno delle stesse non sono necessariamente uguali per tutti, né universali. Ognuno di noi può esplorare il mondo relazionale con il proprio grado di flessibilità e apertura, scegliendo se e quanto discostarsi dall'idea "standard" di relazione e da tutte le regole sociali create per attestarne una presunta validità. Siamo solo noi a scegliere come vivere i nostri sentimenti: nessuno può davvero stabilire come costruire le nostre relazioni di esseri umani adulti e consenzienti; nessuno può dirci qual è il numero giusto di telefonate, di rapporti sessuali o di partner da avere.

Anche per questo è molto difficile spiegare cosa sia l'amore e definire una modalità universale di relazione amorosa che vada bene per ogni singolo individuo.

La bella notizia è che non serve farlo.

Per farcela con le relazioni è molto più utile capire che cosa non sono.

Amore = dramma?

Tecnicamente, per provare amore, si presuppone che ci sia una prima fase di innamoramento.

Ed è qui che avviene la magia. È magico ascoltare le canzoni che parlano di noi, è magico quel modo di sentirsi, è magica quella sensazione che ci tiene sospesi e ci chiude lo stomaco. Molto spesso, è magico anche il nostro modo di travisare quelle stesse emozioni.

Già, perché a complicare il tutto sono proprio le nostre idee e aspettative sull'innamoramento.

L'innamoramento è una fase impattante, forte, coinvolgente. Rincorriamo a tutti i costi quell'intensità, continuiamo a cercarla, fino a diventarne spesso dipendenti.

Restiamo arenati in frequentazioni senza senso, ossessionati da quel picco di euforia che ci fa sentire vivi, anche a costo di perdere di vista tutto il resto. Facciamo ruotare tutto attorno a quel brivido. Ma lo facciamo anche quando si trasforma in un brivido di terrore. Poco importa: purché sia "forte", va bene tutto. Vogliamo sentire a tutti i costi; solo così, pensiamo, potrà esserci ancora amore.

Diciamolo, abbiamo una grande predilezione per la sofferenza. Del resto, come negare che le relazioni facciano soffrire?

Quella sensazione di cazzotto allo stomaco quando improvvisamente ti dice «dobbiamo parlare», quel senso di vuoto quando scopri che «sei speciale» è copiato e incollato a molte altre persone, uniche e speciali proprio quanto te.

La sofferenza è un aspetto che spesso accompagna le relazioni, inutile negarlo. Ma non è il requisito necessario dell'amore.

L'amore, prima di tutto, deve essere una cosa piacevole.

Le canzoni e l'arte di certo non aiutano: tutto attorno a noi ci parla di quanto sia intenso e tormentato questo assurdo sentimento, alimentando l'errata convinzione che il dramma sia un elemento indispensabile per rendere valida la relazione. Pensiamo: «Se soffro così, è perché ne sono innamorato». Soffro = amo. Crediamo che la sofferenza sia un chiaro segnale del nostro amore.

Ma la sofferenza è solo un chiaro segnale di sofferenza.

Quel "batticuore" può essere dovuto all'innamoramento, ma anche alla rabbia verso chi ci rifiuta o, peggio, all'ansia di chi ci controlla. È importante imparare a riconoscerne le differenze perché, da bravi re Mida del disagio, in men che non si dica, potremmo trasformare un momento di malessere in una lunga agonia di tormento e sofferenza che ci ostineremo a chiamare "amore".

E non sempre ne varrà la pena.

Il tuo principe azzurro potrebbe essere molto diverso da come credevi. Potrebbe sbagliare i congiuntivi. Oppure rivelarsi una persona violenta.

Esagerata

Ogni volta che condividevo le mie perplessità, non faceva altro che svalutarmi. «Sei esagerata», «sei isterica», «è tutto nella tua mente». Condividevo i miei sentimenti, le mie paure e le mie preoccupazioni. Ma di fronte a me trovavo solo derisione, svalutazione e umiliazione. Tanto che finivo per crederci anch'io. Che i miei fossero davvero solo dei capricci?

Immaginiamo di sentire un'emozione. Immaginiamo che questa emozione sia spiacevole e per noi non proprio facile da gestire. Immaginiamo di condividerla con l'altra persona con modalità legalmente accettabili, con non poca fatica da parte nostra.

Immaginiamo di urtare contro un muro fatto di «stai esagerando», «sei troppo sensibile», «sei pazzo/a».

Benvenuti nell'invalidazione

Si parla di invalidazione quando le emozioni vengono sminuite, banalizzate o ridicolizzate. Invalidazione è «sei fuori», «figurati se è davvero così», «stai delirando come al tuo solito».

Le invalidazioni non si trovano solo nelle relazioni romantiche. Spuntano come funghi anche sul lavoro, in famiglia, tra amici e in svariati altri insospettabili contesti in cui ciò che diciamo non viene preso per niente sul serio. Quando qualcuno sminuisce ciò che affermiamo, anche noi stessi possiamo finire per dubitare del nostro vissuto, delle nostre emozioni e, a volte, anche della nostra stessa sanità mentale.

Se la nostra autostima non è così solida da proteggerci e tutelarci, si può innescare un circolo vizioso fatto di autocolpevolizzazioni, alimentato da recriminazioni e senso di inadeguatezza. Insomma, se non stiamo attenti, finiamo poi per crederci anche noi: non ci sembrano valide le nostre idee, le nostre percezioni e le nostre emozioni. Non ci sembriamo validi noi. Siamo sbagliati.

E, invece, le nostre emozioni non sono mai sbagliate.

Ma questo non significa che abbiamo sempre ragione.

Te la buco 'sta ragione.

Avere torto è una possibilità.

Quando ci relazioniamo con altri cervelli, non possiamo di certo aspettarci di essere sempre tutti d'accordo. Nelle relazioni i conflitti esistono. Esiste il disaccordo, esistono le incomprensioni, esistono progetti e valori diversi dai nostri. Non è possibile trovarsi sempre allineati con gli altri. E questo capita anche all'interno di una relazione significativa. Capita anche con quello che, smielatamente, definiamo essere l'amore della nostra vita.

Si può amare e non essere d'accordo su alcune cose. Ma esprimere il proprio dissenso non c'entra nulla con l'invalidazione.

È semplice: possiamo non essere d'accordo con il nostro interlocutore, ma continuare lo stesso a rispettare la sua idea, pur esprimendo la nostra.

Al posto di dire:

«È tutto nella tua mente, come al solito», «Sei una persona paranoica e malata».

Possiamo dire:

«Non sono d'accordo», «Non riesco a capirti», «Spiegami meglio cosa ti fa stare male».

Direi che c'è una bella differenza.

> **Therapy spoiler.** Possiamo avere torto. Le nostre idee non sono sempre corrette. I nostri comportamenti per esprimerle fanno spesso schifo. Ma le nostre emozioni restano comunque valide.

Invalidare le emozioni dell'altro è un gesto che può essere molto violento. Non farlo agli altri e riconoscilo se lo fanno a te.

Solo imparando a leggere i segnali dell'invalidazione sarà possibile accogliere il nostro vissuto senza mettere in dubbio la validità delle nostre emozioni. Se ci troviamo in un ambiente dove le emozioni non vengono prese sul serio, allora non resta altro che salvarci.

Devo salvarmi quando l'altra persona mi dice:

- «*Piangi per attirare attenzione.*» Invalida le mie emozioni.
- «*Mi devi sempre dire dove sei e con chi sei.*» Mi controlla. Controlla il mio tempo, il mio spazio, i miei soldi, le persone che frequento, le mie reti sociali, quello che mangio, quello che indosso, quello che pubblico, le mie scelte.

- «*Sei di mia proprietà e ti dico io cosa puoi o non puoi fare.*» Esercita il suo potere e senso del possesso, spesso portandomi all'isolamento.
- «*Se non lo fai, dico questo ai tuoi.*» Mi ricatta spingendomi a scegliere il male minore.
- «*Le "cosine" che fai sono meno importanti di ciò che faccio io.*» Mi umilia. Svaluta e sminuisce quello che faccio e che dico, con commenti negativi e insulti personali, spesso anche in pubblico.
- «*Se ho rotto il piatto, è colpa tua che mi fai innervosire.*» Mi colpevolizza e punisce. Attribuisce a me la causa e la responsabilità della sua incapacità nel gestire le emozioni.

Spesso chiediamo agli psicologi se è normale tingere i propri capelli con colori fluo, se è normale mettere il parmigiano sulla pasta col tonno oppure se lo è scegliere di non uscire il sabato sera. Ma non ci domandiamo mai se è normale avere relazioni caratterizzate dal controllo e dal senso del possesso.

Perché no, non è "normale". È normalizzato, che è ben diverso.

Ci sembra normale quando il nostro partner ci controlla lo smartphone, ci sembra giusto comunicargli tutti i nostri singoli spostamenti, gli permettiamo che prenda decisioni al nostro posto e accettiamo che ci umili se non è d'accordo con le nostre scelte.

La violenza e la manipolazione emotiva si manifestano con comportamenti che possono variare in intensità e risultare più o meno espliciti. Queste prassi, che possiamo aver copiato qua e là dalle persone attorno a noi, ci allontanano anni luce dal concetto di amore.

L'amore non è controllo.

L'amore non è possesso.

L'amore non è umiliazione.

L'amore non è colpevolizzazione.

Non dire più

- *«Mi hai provocato! Se urlo, è colpa tua che mi fai innervosire.»* Non è invece colpa della tua cattiva gestione della rabbia?
- *«Non puoi piangere per queste sciocchezze.»* Invece si può. Se proprio vuoi consolare, ricorda prima di validare le emozioni e poi, eventualmente, dire la tua sulla drammaticità della situazione.
- *«Isterica»* … E se fosse solo arrabbiata?
- *«Non si può più dire niente.»* Si può ancora fare, solo che è utile anche considerare le conseguenze che derivano dalle tue parole.
- *«Se ti insultano, vuol dire che gli piaci.»* Quindi la svalutazione è per me un buon segnale?
- *«Ormai innamorarsi alla mia età non è possibile.»* A tutte le età è possibile innamorarsi e provare amore.

E se fosse "narcisista"?

Quando siamo tristi, delusi, frustrati e dall'altra parte non riceviamo quello che vorremmo avere, abbiamo l'umano bisogno di capirne i perché, di trovare delle ragioni a spiegazione dell'immensa sofferenza che stiamo patendo. Pur di riconoscere la validità del nostro vissuto e trovare un senso a ciò che ci sta capitando, arriviamo anche al punto di scomodare le malattie mentali.

Il recente proliferare di diagnosi colorite è frutto di un processo, neanche troppo creativo, messo in atto da chi ha lo scopo di prendere il nostro dolore, valido e genuino, e calpestarlo, speculandoci sopra attraverso slogan e consigli che puntano il dito verso chi soffre di un presunto disturbo mentale. Presunto perché, occorre puntualizzare, nessuno può dirci se l'altro abbia davvero un disturbo, se non una sua personale valutazione diagnostica.

Noi, agnellini colmi di dolore, devastati da così tanta sofferenza amorosa, ci aggrappiamo a queste diagnosi, trovando un discreto ristoro al nostro soffrire. Finalmente qualcuno ci dice che non siamo noi quelli sbagliati. Pur di trovare quella tanto sudata validazione e orientarci nel complesso mondo delle relazioni, diamo credito a chi semplifica e banalizza il nostro dolore, svalutandolo con spiegazioni *home made*.

L'ultima tendenza del momento è diagnosticare "narcisismo" a chi ci fa soffrire. Parliamo di «narcisista manipolatore», «narcisista patologico» ed è molto frequente anche il «narcisista maligno». Sfatiamo, allora, un mito: nel *Manuale diagnostico e statistico dei disturbi mentali* non esiste la diagnosi di «narcisista maligno». Nei manuali clinici il termine "narcisista" non è mai accompagnato da alcun aggettivo dispregiativo o stigmatizzante.

Lo so, in quei casi lì, non abbiamo di certo la voglia e la lucidità di verificare l'attendibilità diagnostica delle informazioni reperite chissà dove. Ben presto, però, capiremo che sapere di non essere noi quelli sbagliati, seppur sia molto confortante, non basterà a salvarci.

Non è stigmatizzando i disturbi mentali che la nostra condizione migliorerà, non è aderendo alle crociate contro il disturbo narcisistico di personalità che sarà possibile star meglio e uscire davvero dalla situazione di sofferenza terribile in cui siamo immersi fino al collo.

Se l'altro è incoerente, se sceglie un'altra persona, se ci manipola, non è detto che debba avere necessariamente una diagnosi di narcisismo.

Magari è solo stronzo. E per quello non serve una diagnosi.

Parlare di narcisismo al di fuori del contesto terapeutico può essere molto pericoloso perché, oltre a banalizzare il nostro ruolo come vittima, stigmatizza tutte le persone che hanno davvero quel disturbo mentale. Che, per inciso, come tutti i disturbi mentali, comporta una grande sofferenza anche per chi ne soffre.

Si può scegliere di manipolare qualcuno di proposito, si può farlo anche senza avere alcun tipo di disturbo, potrebbe essere che ci fa *ghosting* perché l'hanno rapito gli alieni o perché è l'unico modo che conosce per interrompere una relazione. Oppure perché, per quella persona, non siamo così importanti al punto da spingerla a essere chiara con noi. Potrebbe essere narcisista, ma potrebbe anche avere il disturbo ossessivo-compulsivo o altre difficoltà che non conosciamo. Potrebbe essere che ha cambiato idea da un giorno all'altro, perché i sentimenti, quei bastardi, sono imprevedibili e su questo non abbiamo grande controllo.

Capire quali disagi abbia l'altro non deve essere più un nostro problema. Non è questo ciò che ci salverà da quella che amiamo definire la «persona tossica».

"Tossico"

Nel panorama delle relazioni interpersonali adoriamo conferire i bollini di tossicità non appena una persona contribuisce al nostro soffrire.

Se proprio non riusciamo a rinunciare a questo originale appellativo, al massimo possiamo definire tossica la relazione, non la persona. Relazione, cioè un rapporto che coinvolge più persone. Non una sola. Perché non esistono persone tossiche.

La mia amica poco geniale

Mi diceva chi commentava le mie foto sui social, prima ancora che me ne accorgessi io. Mi prenotava il suo stesso parrucchiere, mi prestava i suoi vestiti, mi consigliava con insistenza di fare le sue stesse cose. Mi diceva quali ragazzi erano giusti per me, come dovevo fare per conquistarli, organizzava le mie settimane di studio, le mie uscite sociali. Diceva di farlo per me, per dimostrarmi la sua amicizia. Un controllo stretto che non mi lasciava respirare. E io glielo permettevo, assecondandola, per non darle dispiacere.

La cosiddetta tossicità non è appannaggio esclusivo delle relazioni romantiche. Le relazioni tossiche possono essere romantiche, ma anche amicali, lavorative, familiari.

Lo capiamo perché all'interno di questi rapporti ci si sente impotenti, controllati, pressati, a volte anche manipolati. Una sofferenza spesso devastante che ci fa sentire vittime di queste persone.

Definirci "vittime", sfogarci, lamentarci, se da un lato ci aiuta a trovare conforto per la nostra condizione, dall'altro potrebbe bloccarci in una spirale di impotenza e ostinazione a voler ottenere giustizia e riconoscimento. Rendendo, di fatto, ancora più saldo il nostro legame all'interno della relazione.

Dare la colpa al narcisismo, alla tossicità o a qualsiasi altro aspetto che possa essere attribuibile all'altra persona non ci è utile da un punto di vista psicologico, perché ci rende inevitabilmente invischiati nella relazione e sposta il focus da ciò che possiamo fare noi, a ciò che potrebbe fare l'altro.

E, dovremmo ormai saperlo, noi possiamo intervenire solo sulle nostre, di azioni. Stare in una relazione tossica è devastante, ma abbiamo la responsabilità di prenderci cura del nostro presente.

Non esiste Gin tonic senza tonica e ghiaccio: la tossicità è un cocktail che si fa in due e – devi accettarlo – tu sei un ingrediente: quel cubetto di ghiaccio che ce lo fa bere più facilmente.

Per questo, oltre a riconoscere la pericolosità delle azioni dell'altro, è importante anche imparare a individuare qual è la propria parte di responsabilità all'interno di una relazione così pregna di disagio e sofferenza.

Devo salvarmi quando penso:

- «*Come potrebbe mai fare senza di me?*» Penso di essere indispensabile per curare o salvare l'altra persona, che altrimenti non credo autonoma senza di me.
- «*Un giorno sarà proprio come voglio.*» Mi aspetto che l'altra persona voglia cambiare ed essere salvata proprio nel modo in cui ho deciso io. Mi sbilancio sulle potenzialità future, ignorando del tutto ciò che vivo nel presente.
- «*Com'è possibile che non riconosca tutto ciò che faccio? Che non sia ancora abbastanza?*» Mi aspetto che l'altra persona riconosca il mio merito e la mia dedizione e, per ottenere riconoscimento, continuo a cercarlo con ostinazione e attraverso le stesse modalità.
- «*Non posso buttare all'aria tutti questi anni, sarebbe un fallimento.*» Non accetto che sia stata una "causa persa". Ciò che ho investito in passato mi impedisce di prendermi carico del mio presente.

Amore non è salvare vite. Per quello c'è la laurea in medicina.

Amore non è curare i suoi vuoti emotivi. Non sei uno psicologo.

Amore non è diventare ciò che vuole l'altra persona.

Amore non è pretendere che l'altro diventi ciò che vogliamo.

Il mio cubetto di responsabilità

Abbiamo capito che le diagnosi e i bollini di tossicità, seppur confortanti, alla lunga ci allontanano dal nostro effettivo benessere. Abbiamo anche capito che lanciarci in missioni umanitarie non concordate, in attesa di un cambiamento che mai ci sarà, non è proprio un'idea saggia. Adesso aggiungiamo alla lista di cose da non fare anche la nostra voglia di giocare a fare gli psicologi, cimentandoci in interpretazioni arzigogolate sull'altra persona, deducendone i traumi infantili e disaminandone i comportamenti per capire cose che neanche lei stessa sa, o vuole sapere. Adoriamo sventolare il nostro tesserino da psicologo da bar, sperando un giorno di poter arrivare finalmente a ciò che "meritiamo".

Come se davvero l'amore fosse un premio al merito. Come se davvero le relazioni fossero sempre giuste.

Non lo sono.

Quando abbiamo voglia di un pasticciotto, quella voglia è giusta e valida. Anche quando ci ritroviamo per sbaglio in una calzoleria. Purtroppo, però, il calzolaio non può vendercene. Non può perché non ha la licenza, perché gli manca la materia prima, perché nessuno gli ha mai insegnato come si fa o magari solo perché non ne ha voglia. Non troviamo ciò che vogliamo per tantissime altre ragioni, delle quali può interessarci fino a un certo punto.

Possiamo provare a insegnare al calzolaio l'arte del pasticciotto, ma non potremo certo pretendere che lui cambi il suo mestiere solo perché la nostra voglia è forte e valida e noi quel pasticciotto proprio ce lo meritiamo. Non possiamo pretendere da lui pasticciotti al posto di scarpe.

Dobbiamo accettarlo.

Il fatto di trovarci in una calzoleria non dice niente di noi. Non dice niente di quanto sia giusta la nostra voglia e di quanto siamo meritevoli. Il calzolaio vende scarpe e da lui ci resta chi si aspetta delle scarpe, le apprezza ed è soddisfatto così. Finché nutriamo la speranza che lui possa cambiare mestiere, finché ci faremo andar bene quello che può darci, i nostri pasticciotti avranno sempre un retrogusto di suola.

Se vogliamo davvero perseguire i nostri desideri, l'unica soluzione, quindi, è renderci presto conto dei luoghi in cui ci troviamo.

Le relazioni possono essere dei luoghi piacevoli, ma non tutte potranno darci ciò che desideriamo.

In quale luogo ci troviamo adesso?

Quel luogo ci soddisfa? Ci andrebbe bene anche se non cambiasse mai?

Ma perché gli altri non cambiano?

La vera domanda è: perché ci ostiniamo a voler cambiare gli altri?

Alcune volte non vogliamo ciò che vogliamo. Vogliamo la speranza di potere avere ciò che vogliamo. E ci aggrappiamo a quella speranza senza mollarla mai, senza lasciarla andare.

Ci sbilanciamo sul futuro, illusi che le cose possano finalmente essere come desideriamo. Ma non solo: ci sbilanciamo anche sul passato, perché abbiamo investito tante energie e non avrebbe senso mollare proprio adesso.

In entrambi i casi, stiamo ignorando del tutto il nostro presente.

Tolleriamo dei presenti devastanti solo in funzione di un'idea di qualcosa che c'era o che ci potrebbe essere in futuro.

Alcune volte è un po' come giocare d'azzardo: siamo seduti al tavolo da gioco, abbiamo già puntato una grossa somma e l'abbiamo persa. Anche quando le probabilità di vincere sono basse, noi continuiamo a puntare, nella speranza che le cose cambino, nell'illusione di poterle controllare. Pur di non perdere ciò che abbiamo investito restiamo dipendenti da questa roulette, anche se è chiaro che non ci porterà nulla di buono. Ci ostiniamo a restare e, quindi, a perdere, convinti che, solo continuando a giocare, riusciremo a recuperare il nostro investimento, ottenendo ciò che desideriamo.

Accecati dalla fame di riscatto, riconoscimento e giustizia, perdiamo di vista la nostra priorità. E, cioè, salvarci.

Per salvarsi, alcune volte tocca abbandonare la partita, accettando la causa persa.

Perché non possiamo cambiare le persone, ma possiamo cambiare persone.

In amore vince chi non pensa a vincere

Se è la vittoria a interessarci, forse non è amore, ma spirito di competizione.

Lo stesso che ci spinge a ostentare di esser forti e a fuggire, quando invece vogliamo restare. Quello che ci fa restare arenati in regole che ci promettono di "vincere" quando in realtà limitano la nostra autenticità, impedendoci di giocarcela a modo nostro.

Il tutto per evitare di fallire. Perché quando finisce una relazione, noi lo consideriamo un fallimento, il nostro fallimento. E, allora, per avere l'illusione di controllare l'incontrollabile, adoriamo appellarci a delle regole che ci promettono di avere un certo grado di potere.

Ma la verità è che noi non abbiamo alcun potere.

Quello che posso fare io ha un limite e si chiama "Altro".

Le relazioni sono il risultato dell'azione di due persone. Quindi, rilassiamoci pure: non dipende tutto da noi. Fa male, ma alleggerisce anche.

Nella complessità del mondo relazionale, non esistono scelte che terranno sempre tutti contenti, scelte oggettivamente giuste, scelte da persone deboli o da persone forti. L'unica vera forza a cui possiamo ricorrere è il nostro libero arbitrio.

Scegliere spetta a noi, solo a noi. Non al guru che ci regala diagnosi, non a ciò che ci dice l'oroscopo, non alla nostra voglia di vincere.

In ogni momento, possiamo scegliere se continuare

o mollare. E, in alcuni casi, l'unica cosa che ci salverà sarà proprio mollare.

L'amore non è una gara. Neanche a chi soffre di meno o in meno tempo.

Perdere l'amore

Quanto tempo ci vuole per superare una rottura? C'è chi dice che il periodo necessario per riprendersi sia uguale alla metà del tempo di durata della storia stessa. Altri, invece, pensano che ci si accorge di averla superata solo quando si smette di voler capire l'altro cosa fa e cosa dice attraverso i suoi social. Per altri, ancora, quel traguardo arriva solo quando si trova un'altra persona a cui pensare. Per quanto mi riguarda, sono già ben oltre le formule matematiche. E i segnali che mi dà il corpo non stanno certo passando, anche se sono stato con altri, anche se l'ho bloccato sui social.

Non è possibile che ci stia pensando ancora, devo svegliarmi, non posso starci ancora male, devo smettere di pensarci. Com'è possibile che mi voglia davvero così poco bene?

PER SEMBRARE GENTE CHE NE SA

Che rottura le fasi della rottura!

Che rottura soffrire per amore! La famosa teoria di Kübler-Ross la paragona addirittura a un lutto. Secondo questa teoria esistono delle tappe di fluttuazioni emotive che si vivono durante un lutto, ma che possiamo benissimo utilizzare anche per le nostre perdite sentimentali. In effetti, questo parallelismo rispecchia bene il senso di quando pronunciamo la frase «per me sei morto».

Ecco qui le fasi della rottura:

- Negazione, cioè quando pensiamo: «Non sta succedendo davvero»
- Rabbia, cioè quando pensiamo: «Sto odiando chi prima amavo»
- Contrattazione, cioè quando pensiamo: «Magari con questo disperato compromesso potrebbe funzionare?»
- Depressione, cioè quando pensiamo: «Ho davvero perso quella persona»
- Accettazione, cioè quando pensiamo: «Me ne sto facendo una ragione»

Tutte queste fasi, che noi erroneamente immaginiamo susseguirsi regolari come in una staffetta del disagio, in realtà, non sono attraversate da tutti in modo sequenziale e schematico, ma possono essere sperimentate in maniera frammentata e in diversi momenti e modalità. Insomma, ogni persona vive il dolore a modo suo, in base a come meglio gestisce l'adattamento emotivo e l'accettazione dopo una perdita.

Ricordiamolo: si tratta di una relazione significativa. È inevitabile stare male. Ed è indispensabile mettere a tacere quella voce nella nostra testa che ci dice che dobbiamo performare anche nella sofferenza. Quella sì che è un'ulteriore rottura.

Ama te stesso e altre splendide cazzate

Perdere qualcuno che amiamo non è mai una cosa facile. E – dobbiamo accettarlo – neanche controllabile. Noi, che già mal tolleriamo un seppur minimo cambiamento, come possiamo restare indenni alla perdita di una persona che credevamo così tanto significativa?

Quando le nostre relazioni crollano rovinosamente di fronte a noi, oltre al dolore dell'impatto e alla confusione del ritrovarsi tra le macerie, dobbiamo gestire anche un altro problema: quelle solite frasi lì.

«Devi essere forte»
«Devi bastarti da solo»
«Devi amare te stesso»

Tutti attorno a noi non vedono l'ora di spiegarcelo, di regalarci le proprie perle di saggezza, esortandoci a fregarcene, ad amarci e ad avere tutta quella forza che si aspettano dovremmo avere. Fioccano teorie miracolose che promettono di superare la rottura in ventuno giorni o attraverso dei metodi rivoluzionari che garantiscono risultati incredibili.

Il messaggio è sempre il solito: dobbiamo performare. Anche nella sofferenza dell'affrontare una rottura.

Non solo ci ritroviamo inermi tra le macerie di una storia ormai spacciata, ma, come se non bastasse, ci sentiamo anche sbagliati per non essere forti come dovremmo, come ha fatto il nostro ex, come ci dicono gli amici e i parenti e quei video di *empowerment* che scrolliamo compulsivamente sui social.

Certo, imparare a stare da soli ci fa bene. Ma è anche nelle relazioni che si cresce, che ci si conosce e che si imparano cose nuove, anche di se stessi.

Quando il mondo relazionale attorno a noi è in catastrofica rovina, l'unica cosa scortese che possiamo fare è mettere da parte tutti quei consigli e autorizzarci a stare in quel dolore. Accoglierlo, sentirlo e attraversarlo. Insomma: stare nello schifo.

Stare nel dolore non significa essere deboli, mediocri, "sottoni" o condannati a soffrire in eterno. Possiamo provare emozioni spiacevoli. Farlo quando abbiamo perso la nostra relazione significativa ci dice solo che il nostro cervello sta funzionando bene. Al contrario, non ci dice che non siamo in grado di bastarci da soli, che non siamo resilienti, che non ci amiamo abbastanza.

Sentirsi a pezzi è normale. In questi pezzi ne ritroveremo alcuni un po' più nostri. Si parte da loro, prendendosene cura. Quel dolore è valido, a prescindere da chi o che cosa ce lo ha causato. Anche se non ne troviamo senso o giustizia, anche se è rivolto a una persona che adesso disprezziamo, il dolore resta nostro. Come ogni nostra cosa, dobbiamo prendercene cura.

Provare a evitare il dolore, imponendoci di pescare dal cilindro una forza che non possiamo avere, alla lunga ci porterà a soffrire di più.

Quindi, soffri consapevolmente e diffida di chi si

presenta forte e vincente ostentando gli slogan del "bastarsi da soli".

Crolleranno anche loro al primo «Non sei tu, sono io».

E quando invece le cose vanno bene?

E vissero per sempre felici e contenti?

Adesso basta parlare di drammi. Non serve una laurea in Psicologia per capire che un amore corrisposto è una gran cosa. È molto appagante sapere che la persona che amiamo sente lo stesso per noi. È molto bello passarci del tempo insieme, fare le passeggiate al tramonto, rincorrersi sulla sabbia, taggarsi reciprocamente.

L'amore è una cosa bella e dà emozioni piacevoli. Come fare un viaggio che sognavi da sempre, mangiare una bella fetta di torta, trovare cinquanta euro nella tasca di un vecchio cappotto. Ma, a differenza del viaggio, della torta e dei cinquanta euro, all'amore corrisposto leghiamo dei concetti molto più grandi di noi. Cadendo spesso in equivoci.

Primo equivoco: pensare che l'amore, invece che arricchirci, debba completarci. L'amore sarebbe, quindi, uno step necessario per trovare l'altra metà di una mela che, altrimenti, reputiamo incompleta.

La conseguenza di questa credenza è che, senza amore romantico, ci pensiamo monchi, inadeguati, falliti. Le passeggiate al tramonto, le corse sulla sabbia, gli album sui social, più che una piacevole conseguenza, diventano una necessità da rincorrere con urgenza. Qualcosa che "dobbiamo trovare" a tutti i costi.

In questo frutteto che pensiamo essere il mondo delle relazioni, ci aggiriamo sentendoci mezze mele, alla ricerca di quella metà che possa finalmente completarci. Ci passa attorno un kiwi, un durian o anche solo una pesca. Ma a noi poco interessa di come sono gli altri frutti, vogliamo solo "quella metà" che finalmente porrà rimedio a tutti i nostri problemi. Deleghiamo all'amore romantico l'arduo compito di realizzarci e risolvere tutta la nostra esistenza. Più che cercare l'altro, cerchiamo disperatamente la nostra assicurazione per la felicità.

L'idea che l'amore debba essere trovato come quel frutto raro in mezzo a tutti gli altri e che da questo dipenda esclusivamente la nostra realizzazione innesca una serie di conseguenze perverse che ci spingono spesso ad accettare situazioni castranti o ad accontentarci del primo partner disposto a integrare i nostri pezzi mancanti, poco importa chi sia. Se pensiamo che il raggiungimento di un amore corrisposto sia l'unico strumento che abbiamo per completarci, pur di farlo ammetteremo con più facilità qualsiasi tipo di relazione, limitandoci e accontentandoci. Poggiando così delle solide basi per ritornare ben presto ai nostri cari drammi.

Prima ancora della persona amata, è l'amore stesso a diventare oggetto dei nostri desideri, traguardo da raggiungere per avere garanzia di felicità, per dirci «ce l'ho fatta» e mostrarlo a tutti. E così sì che è solo dopo aver trovato l'amore che possiamo considerarci in pace, realizzati, stabili.

E finalmente vivere. Praticamente, crediamo che l'amore sia il nostro contratto a tempo indeterminato.

Ma l'amore non è un posto fisso

Una brutta notizia: anche quando pensiamo di aver trovato l'amore, tocca non rilassarsi troppo.

Non c'è nulla di scontato nelle relazioni. Anche se sono stabili, anche se le formalizziamo attraverso dei contratti.

Anche dopo aver raggiunto quel tanto ambito "per sempre felici e contenti", ci accorgeremo che, ahinoi, siamo solo agli inizi. Una convivenza, un matrimonio, una genitorialità condivisa non sanciscono un punto definitivo.

Quel "per sempre" non è irrevocabile.

Questo vale per l'altra persona, ma anche per te.

Come nelle favole

Lui era il più bello della scuola, un ragazzo irraggiungibile. Ho passato anni a desiderarlo. Poi, le nostre classi hanno iniziato a condividere la palestra nell'ora di ginnastica e lui finalmente mi ha notata. Non mi sembrava vero! Per me era un sogno che si realizzava. Ora, che stiamo insieme da due anni, sento, però, che qualcosa non sta andando dentro di me. Mi starò forse autosabotando? Quella cosa che quando ottieni ciò che vuoi, fai di tutto per rovinarla? O, forse, la verità è che stare con lui non è come immaginavo nei miei sogni da ragazzina? Dottoressa, abbiamo un problema...

E se questa fosse invece la soluzione?

Passiamo i nostri anni migliori in attesa dell'amore ideale, quel "posto fisso" che ci solleverà dall'ansia di dover continuare a cercare. Ci tormentiamo quando non lo troviamo. E ci restiamo male anche quando lo raggiungiamo, perché, dopo aver vinto il trofeo, possiamo renderci conto che non è come ce lo aspettavamo. Ma, pur di non rinunciarci, facciamo in modo di autoconvincerci, ricorrendo a lavaggi del cervello autoindotti e spiegazioni ricche di virtuosismi logici che finiscono spesso per addossare tutta la colpa a noi stessi. Pensiamo che siamo "difettati", che non ci accontentiamo mai, che, in realtà, ci stiamo autosabotando perché non sentiamo ciò che dovremmo sentire. Pur di non rinunciare alle nostre idee, non riusciamo ad ammettere l'ovvio: se non ci piace ciò che ci dovrebbe piacere è perché, banalmente, non ci piace.

Finiscila di dire che ti stai autosabotando.

L'idea che l'amore sia un traguardo di certezze assolute, raggiunto il quale dobbiamo smettere di ascoltarci o farci domande non è l'unico problema. Perché, se a volte, per far funzionare le cose preferiamo ignorare ciò che sentiamo, altre, invece, ci illudiamo che i nostri stessi sentimenti bastino per mandare avanti il tutto.

E, invece, all'interno di una relazione l'amore è indispensabile, ma da solo non basta.

In qualsiasi fase si trovino i nostri sentimenti, il mondo relazionale richiede impegno.

Perché l'amore non si trova, l'amore si crea.

Più che un mezzo frutto da trovare, possiamo immaginare l'amore come un cantiere in costruzione. Le relazioni non partono mai già complete e finite, si costruiscono insieme, poi si ristrutturano, possono crollare e, se si vuole, venire ricostruite, ancora e ancora fino a quando ci va e fin quando va anche all'altra persona. Tutto questo avviene anche all'interno delle relazioni che pensiamo essere ormai "stabili".

Montagne russe o Brucomela?

Un altro equivoco tipico di quando siamo in una relazione amorosa è credere che l'intensità dell'innamoramento debba essere presente in ogni momento della relazione. L'aspettativa di sentirci "drogati" per tutta la durata del rapporto potrebbe farci cercare in continuazione nuove dosi di dopamina, oppure potrebbe spaventarci quando, invece, sentiamo svanirne l'effetto.

Del resto, è molto più difficile trovare una canzone che parli di quanto sia bello fare insieme le lavatrici o passare i pomeriggi facendo la spesa. Ma le relazioni sono anche questo.

Dimentichiamo che l'innamoramento è un momento limitato nel tempo, superato il quale è consueto trovare momenti di follia, ma anche giorni di stasi e di routine, non sempre così intensi da spingere un artista a scriverci su.

Insomma, dobbiamo accettarlo: l'innamoramento è una fase circoscritta. Poi, se tutto va bene, arriva l'amore.

E le relazioni amorose potrebbero portarci sulle montagne russe in alcuni giorni, ma, in altri invece, sul Brucomela. Il vuoto allo stomaco non è l'unico indicatore di validità e soddisfazione del nostro rapporto. Oltre allo *Sturm und Drang*, per avere una relazione significativa è importante *stare* con l'altra persona.

Oltre le idealizzazioni, nella sua umanità.

Già, perché in questa corsa disperata verso amori totalizzanti, perfetti ed eterni, dimentichiamo banalmente di vivere la nostra relazione. Conoscere davvero l'altro e farci conoscere davvero.

In questo processo tocca impegnarsi, tocca conoscersi e riscoprirsi, tocca accettare che ciò che pensavamo giusto per noi potrebbe non esserlo più. Perché cambiano le condizioni, cambiano le età, cambia l'altra persona e cambiamo anche noi.

Stare in una relazione significa sporcarsi le mani ed entrare in contatto con l'umanità.

Perché le relazioni sono fatte da persone. E le persone sono limitate, imperfette e umane. Le persone, si sa, fanno schifo.

Ma, a meno che non vogliamo avere relazioni con unicorni, siamo costretti a riconoscere che sì, l'amore è un sentimento stupendo, ma riguarda le persone, che di stupendo hanno ben poco.

Insomma, se vogliamo restare aggrappati alle idealizzazioni di totalità, perfezione e assolutezza sarà impossibile costruire davvero una relazione significativa. Se sono le montagne russe ciò che più ci piace, godiamocele, ma senza aspettarci di ritrovarci in un posto diverso dal punto di partenza, una volta completato il giro. Se, invece, decidiamo di provare a costruire il sentimento amoroso, sarà necessario abbandonare quell'affascinante idea di amore totalizzante e accettare il fatto che, nella sua applicazione pratica, anche il più nobile dei sentimenti sarà destinato a sporcarsi tra le mani fangose di noi esseri umani. Le relazioni, anche quelle più significative per noi, possono partire in sordina, possono avere delle macchie d'ombra, possono non essere sempre ciò che ci aspettavamo.

L'amore non è definitivo. L'amore non è perfetto. L'amore non è un'idea.

Quante volte cerchiamo l'idea che abbiamo dell'altro più che l'altro stesso?

Il favoloso mondo delle idealizzazioni

Non siamo mai stati parchi in idealizzazioni. Da piccoli siamo cresciuti con fiabe in cui un principe salva una principessa, prima ancora di conoscerla o di chiederle se davvero voglia, alla fine, esser salvata. Da adulti divoriamo film e serie che ruotano spesso attorno alla rincorsa di una persona, incrociata per sbaglio in metro, senza prima conoscerne voce o idee politiche.

Ciò che ci sembra una banale storia di amore, scopriamo essere il promo di un'idealizzazione reciproca, che poco racconta delle persone che la animano, poco dice di com'è stare in una relazione. Una vera, intendo.

Badiamo, il colpo di fulmine esiste. Possiamo innamorarci in pochi istanti, guardando l'aspetto dell'altra persona, sentendo il suo profumo. A volte ci si innamora anche solo parlandosi a distanza o conoscendo i reciproci gusti musicali. Possiamo innamorarci entrando in profondità con una persona che conosciamo da sempre, a volte possiamo innamorarci anche di chi in passato non sopportavamo.

Ma quando avvolgiamo il nostro innamoramento con idealizzazioni estreme e aspettative da fiaba è molto più facile restarne delusi. Questo avviene non appena l'altra persona si dimostra un minimo diversa dalla nostra idea. E, cioè, umana.

L'idealizzazione è qualcosa che costruiamo da soli, qualcosa di solo nostro, che difendiamo con le unghie e che spesso rendiamo più importante della persona sulla quale decidiamo di costruirla. Per questo ci ostiniamo a tutelarla a tutti i costi, provando a rendere il partner simile alla nostra idealizzazione, illudendoci di volerlo cambiare o farlo combaciare al meglio con quello stampino che portiamo sempre con noi. L'idealizzazione ci regala un sentimento bellissimo, che però ci impedisce di guardare davvero chi abbiamo di fronte.

Guardare, però, è l'unico modo che ci resta per amare oltre le idealizzazioni.

Aggrapparci all'idea di un amore idealizzato ci impedisce di aprire gli occhi, di conoscere e di farci conoscere realmente. Ci rende immobili, sia agli inizi della conoscenza, quando pensiamo che è compito dell'altra persona parlarci, trascinarci e conquistarci, sia all'interno della relazione che abbiamo, quando ci aspettiamo che l'altro agisca come vorremmo, intuisca da solo i nostri bisogni, deduca i nostri stati mentali. L'idealizzazione alimenta l'assurda convinzione che, per far sì che una relazione sia valida, l'altra persona debba leggerci nel pensiero.

Ma il tuo partner non è un mentalista. Nessuno è in grado di leggerti nella mente.

Ciò che è scontato per te, non lo è per l'altro. Neanche se è l'amore della tua vita.

L'amore si costruisce. Non è stare alla finestra in attesa che l'altra persona venga da noi, ci inviti a ballare o ci faccia tutte le domande per "prenderci" per il verso giusto. Spesso ci focalizziamo di più su ciò che l'altro può darci, preoccupandoci molto meno di cosa possiamo dare noi, di come lo facciamo e se stiamo davvero permettendo all'altra persona di conoscerci e costruire *insieme* una relazione.

Per costruire delle relazioni davvero valide l'unica soluzione è iniziare a metterci all'opera. Perché nessuno ti compra a scatola chiusa, a meno che tu non ti chiami Amélie.

Per relazionarsi davvero occorre riconoscere la propria responsabilità e il proprio spazio all'interno della relazione.

Esercizio 1 - Il teaser su me stesso

Ti bastano:

- *una foto ricordo del tuo viaggio sulla DeLorean*
- *un team di creativi ed esperti in comunicazione*
- *le tue pose più rappresentative*

È arrivato il momento di riconoscere il tuo ruolo di costruttore attivo all'interno delle relazioni. E, per fare in modo che tu possa esserlo davvero, è il caso di iniziare a considerarti non più come uno spettatore dei rapporti che ti capitano, ma come uno dei protagonisti. Con questo esercizio puoi diventare l'attore principale delle tue relazioni e del tuo spazio con gli altri.

Immagina di lavorare come art director all'interno della tua mente. Devi consegnare il lavoro più difficile della tua vita: un teaser su te stesso. Per chi non è addetto, il teaser altro non è che è un'anticipazione, un "assaggio" da dare a chi hai di fronte, che gli lasci la voglia di scoprire il resto e approfondire la tua conoscenza. Gli attori e i modelli usano il loro book fotografico, ma tu puoi benissimo immaginarlo come un racconto, un trailer, una canzone o altro ancora, purché sia breve.

Il tuo teaser deve incuriosire, emozionare, ma anche rispettare gli spazi di chi lo riceve, senza invaderli o devastarli. Un buon teaser deve anche essere onesto, quindi vacci piano con Photoshop, pubblicità ingannevoli o finzioni al fine di ottenere consensi. Tipo quando, pur di piacere all'altra persona, facciamo finta di avere idee, intenzioni o gusti musicali ben diversi, alimentando un'impasse di autenticità che potrebbe portare il destinatario a riconoscere la truffa e restituire il prodotto.

Di contro, potresti approcciarti al compito con davvero poca creatività, proiettando, al posto del tuo proprio teaser, uno struggente film neorealista che per nulla tiene conto della disponibilità energetica e temporale di chi lo riceve. Doveva essere un teaser, ma tu hai trasmesso l'intera saga dei tuoi disagi.

Per creare un teaser efficace è importante, innanzitutto, chiedersi:

Che persona voglio essere in questa relazione?
Cos'ho da dare? Come voglio esprimerlo?

Il teaser è un trailer su ciò che sei, su ciò che hai da dare e sui tuoi valori. Non proprio una roba facile, lo so. È comune trovarsi un po' impacciati agli inizi. Per questo, prima di mettersi al lavoro, potrebbe essere il caso di schiarirsi un po' le idee e fare un altro giro sulla DeLorean, giusto il tempo per rispolverare meglio le cose per te importanti.

Puoi far sì che il tuo personale teaser comunichi direttamente, attraverso ciò che racconti di te, ma anche indirettamente, tramite le azioni che compi, le iniziative che prendi, i film che proponi o, perfino, i vestiti che indossi. Puoi permetterti di sperimentare e allenarti, senza peccare di scarsa spontaneità, simulando una conversazione con uno sconosciuto, preparandoti in anticipo quando qualcuno ti chiede di presentarti, valutando se ti è sempre utile condividere i tuoi aspetti più intimi fin da subito.

Allenarsi a esprimere al meglio se stessi non penalizzerà la tua autenticità. Tutt'altro: la creazione del proprio teaser ti aiuterà a vivere in maniera autentica, sperimentando nuovi modi di comunicare la persona che sei agli altri. Inoltre, permetterà a chi avrai di fronte di farsi un'idea veritiera su di te, perché allenarsi nel comunicare i propri valori apre la strada all'espressione di sé all'interno delle relazioni.

È solo tua la responsabilità di comunicare chi sei: elaborare un proprio personale teaser ti permetterà di esprimerti e farti conoscere per ciò sei davvero. Delle ottime premesse per prendere spazio ed evitare di restare incastrato in idealizzazioni non tue.

Ma nelle relazioni non esisti solo tu: oltre a prendere spazio è anche necessario ricordarsi di dare spazio. Puoi allenarti a fare le giuste domande per permettere anche all'altra persona di comunicare il suo teaser.

Che persona vuole essere in questa relazione?
Cos'ha da dare? Gli sto lasciando il giusto spazio per esprimerlo?

Questo esercizio può essere una buona guida per prendere e lasciare spazio, in tutti i tipi di relazione che vogliamo intraprendere.

Perché tutto quello detto fin qui non vale solo per le relazioni di tipo romantico.

E le altre relazioni?

È arrivato il momento di rivalutare il potere esclusivo e totalizzante delle relazioni romantiche guardando anche gli altri tipi di rapporti significativi. Già, perché non esiste solo l'amore.

Avere una relazione significativa non corrisponde necessariamente allo stare in una relazione romantica. Nel nostro processo di umana involuzione, ad aiutarci a farcela nella vita quotidiana intervengono anche le nostre reti di supporto, generalmente di tipo amicale. Sono queste reti, che alcuni erroneamente considerano meno importanti, a sostenere maggiormente la nostra salute mentale, sorreggendoci nei momenti di disagio causati molto spesso proprio da quelle stesse relazioni romantiche che erroneamente mettiamo al primo posto.

Perché ci si può sentire molto soli anche quando si è in coppia.

Di contro, essere single non significa essere soli.

Non è la relazione romantica il rimedio alla solitudine. O, almeno, non l'unico. L'antidoto alla solitudine è la costruzione di connessioni autentiche e significative. E queste possono essere di vario tipo, anche amicale.

Mai sottovalutare gli effetti benefici dell'amicizia.

Diario scortese – Il bello delle relazioni

Sei città, tredici case, ventotto coinquilini, escludendo la famiglia.

Quando ti senti fuori contesto, l'amicizia è il tuo ossigeno. Quando si cambiano così spesso luoghi, abitudini e persone non hai troppo spazio per le recriminazioni. Non è utile perdersi in dispetti o frecciatine tipo "ah, sei sparita". Davvero, non ne hai le energie. Fidarsi, in quei casi, resta la cosa più sostenibile da fare.

Perché può capitare di perdersi nella vita adulta, può capitare che non sempre gli altri siano attenti a ciò che dici, può capitare di non ricordare sempre i compleanni o di omettere qualche informazione, anche con chi è da sempre accanto a te. Così come può capitare di andare a concerti divertendosi in compagnia di sconosciuti o di tenere conversazioni profonde con persone incontrate per pochi minuti e mai più riviste.

Fin da subito il mio continuo vagare mi ha costretta ad abbandonare quella visione di amicizia fatta di obblighi e pretese. L'amicizia è qualcosa di molto più forte delle proprie personali proiezioni. Ci sono relazioni, poche, che vanno oltre i limiti spazio-temporali, altre che sono totalizzanti ma estremamente legate a un periodo della nostra vita, altre che non diventeranno mai vere relazioni, ma non per questo meno belle.

Sì, perché si tratta di bellezza.

E se si parla di relazioni non puoi fare altro che coltivare bellezza.

**L'amico si vede nel momento del bisogno.
Ma se gli scrivi anche quando stai bene,
è meglio.**

Non è facile fare amicizia. Dipende dai contesti che frequentiamo, da ciò che facciamo, dallo spazio che occupiamo. Più andiamo avanti con gli anni e più ci sembra difficile. Idealizziamo le amicizie del passato, continuando spesso a sventolare alta la bandiera dei rapporti di vecchia data, ancorandoci ad aspetti che, di fatto, non esistono più. Alcune volte, pur di restare in quella infinita rimpatriata di classe, continuiamo a nutrire relazioni sature o rette da valori ormai troppo lontani da noi, solo in memoria dei vecchi tempi e di momenti che nessuno ci ridarà indietro. Neanche quella stessa amicizia.

Perché si può crescere in modo diverso. Aggrapparsi al passato non può, di certo, essere l'unico modo per sentirci soddisfatti all'interno delle nostre amicizie.

Molto spesso lo facciamo perché pensiamo che, una volta adulti, sia impossibile creare amicizie solide. Come se fosse davvero una questione anagrafica.

Ma possiamo creare nuove relazioni a ogni età.

La nostra incapacità di farcela nelle amicizie è dovuta alle occasioni che abbiamo, a quelle che ci creiamo, ma anche alla nostra capacità di vivere dentro le relazioni, di dare e ricevere. Per questo, in alcuni casi, possiamo trovare molto difficile fare nuove amicizie. Soprattutto se nella nostra vita abbiamo sempre dato priorità ad altro, come alla ricerca dell'amore, per dirne una.

Avere sottovalutato il potere significativo delle amicizie, unito a qualche delusione incontrata qua e là nella nostra vita, ci ha portati, da adulti, a essere ancora molto impacciati e diffidenti all'interno del mondo delle relazioni amicali.

Al posto di comunicare chi siamo, di vedere chi abbiamo di fronte, di divertirci, di stimolarci, di raccontarci e di vivere ciò che di bello può darci l'altro, ci ritroviamo capaci solamente di produrre nostre autocommiserazioni viziate da esperienze pregresse. Al posto di trasmettere quel breve teaser su noi stessi, decidiamo di proiettare il lunghissimo film sui nostri drammi, quella *Corazzata Potëmkin* che metterebbe alla prova anche il più appassionato dei cinefili.

Magari chi è di fronte a noi ha solo voglia di uno spritz, ma noi, invece, gli scagliamo addosso tutto il nostro bagaglio di disagi, pessimismo cosmico e paranoie.

Davvero un bel carico da sostenere per una persona che, ripeto, voleva solo uno spritz.

Reminder scortese. L'altro non è la tua discarica emotiva.

L'amicizia non è il tuo personale pronto soccorso psichiatrico.

L'amico non serve solo a contenere e custodire i disagi passati, presenti o futuri.

Non devi comunicare il tuo pin bancario

Avere un amico fidato è bello. Ma non tutte le relazioni che avremo potranno essere significative. Non tutte le persone che conosciamo potranno diventare gli amici a cui chiedere di essere tra i nostri possibili donatori di organi o complici di occultamento di cadaveri.

O, comunque, non da subito.

Anche nelle relazioni amicali tendiamo a riporre gli stessi ideali totalizzanti che tanto ci incastrano in amore, indugiando in idealizzazioni e vittimizzazioni e dando luogo a profezie che si autoavverano, generalmente in nome di una significatività e fiducia che pretendiamo di trovare fin dal primo istante.

Al pari della fiducia e del rispetto, anche la leggerezza è un aspetto necessario e molto raro da trovare nelle relazioni.

Ossessionati dalla ricerca della fiducia assoluta, dimentichiamo che dalla conoscenza all'amicizia "vera" esistono tanti passaggi intermedi, di cui spesso sottovalutiamo valore e importanza. Ma non è di sola fiducia che si nutrono le amicizie.

Coltivando il presente e il naturale bisogno di leggerezza che ci lega agli altri riusciremo a costruire con più facilità delle relazioni. Le stesse che potrebbero un giorno diventare delle vere amicizie. O magari degli amori. O che magari potrebbero continuare a restare delle superficiali conoscenze, ma ugualmente piacevoli.

Niente può davvero dirci se una persona ci tradirà o meno. Possiamo tollerare questa incertezza e, al tempo stesso, godere delle nostre relazioni. *Stare* nelle relazioni, ammettendo che non avremo mai garanzie di fedeltà assoluta.

Essere scortesi con gli amici significa smettere di tediare il prossimo cercando conferme a nostre insicurezze, focalizzandoci su che tipo di persona vogliamo essere noi per l'altro.

Cos'ho da dare?
Cosa mi piacerebbe ricevere?

L'amicizia è reciprocità, divertimento, piacere.

Scortesia nelle relazioni tra passato, presente e futuro

Idealizziamo, ci aspettiamo totalità e assolutezza fin dal primo istante, ci sbilanciamo nel passato o nel futuro. Non solo nelle relazioni romantiche: facciamo gli stessi errori anche con le altre relazioni significative.

Dimenticando che le relazioni si vivono nel qui e ora.

Non ancorandosi al passato, non sperando nel futuro.

Le relazioni si costruiscono nel presente.

Solo così, potranno essere realmente soddisfacenti.

CLEMENTINE: «Siamo qui, Joel, e tra un po' sarà finito… che cosa facciamo?»
JOEL: «Divertiamoci»

Eternal Sunshine of the Spotless Mind

6
Scortesia in famiglia
Diserta la sagra delle colpe

Diario scortese - Tutta colpa del padre

«Quindi per voi psicologi è tutta colpa del padre?» Tutte le volte che mi facevano questa domanda optavo generalmente per una tra le seguenti risposte:

1. *Aggredire verbalmente il mio interlocutore, dimenticando tutte le nozioni di comunicazione assertiva apprese sui libri;*
2. *«Grazie per averlo chiesto.» Per poi dare sfogo a un'interminabile lezione passivo-aggressiva che parte dal* De Anima *di Aristotele fino ad arrivare all'ultimo singolo di Calcutta;*
3. *(Più raramente) annuire, cambiando argomento e ricordandomi che il mio interlocutore è solo l'ennesima vittima del bias cognitivo Dunning-Kruger.*

Dopo aver passato gli anni migliori della giovinezza a lottare contro i principali luoghi comuni legati alla professione, iniziato il lavoro clinico, però, mi sono scontrata con una realtà ben diversa da ciò che pro-

muovevo: le famiglie fanno spesso dei gran casini. Nel lavoro clinico è inevitabile scontrarsi ANCHE *con le "colpe" dei padri e delle madri. Proprio quelle che tanto odiavo banalizzare.*
Che abbiano sempre avuto ragione loro? Si può davvero ridurre tutto a una sagra delle colpe, in cui tu psicologa non puoi fare altro che servire pacche sulle spalle e dispensare dita puntate verso i genitori altrui?
Alcune volte abbiamo così tanto bisogno di urlare alla psicologa tutto quello che abbiamo subito in famiglia che, dall'altra parte, a te non resta altro che accogliere e comprendere. E sì, sei ben cosciente che quella è solo una delle facce della medaglia. Del resto, se mi fosse importato davvero qualcosa del rincorrere l'effettiva verità dei fatti, avrei fatto la giudice, non certo la psicologa. Che il paziente abbia o non abbia ragione è poco rilevante. Quel suo bisogno è valido e a me non resta altro che accoglierlo e provare a STARE *in quelle colpe, che tanto sottovalutavo, ma che è necessario attraversare prima di liberarsene.*
È importante parlare della propria famiglia, di come siamo cresciuti, di tutte quelle cose che ci sono mancate. Ma è altrettanto importante capire che questo è solo un pezzo di un lavoro molto più complesso che punta proprio a non stazionare all'infinito all'interno delle colpevolizzazioni genitoriali.
Disertando quell'invitante sagra delle colpe familiari.

Il mostro finale

Ci siamo, proprio come alla fine dei più classici dei videogiochi, eccoci qui ad affrontare il grande mostro finale della psicologia: la famiglia.

Un passaggio necessario per farcela e portare in salvo la principessa imprigionata dentro ognuno di noi.

Già, perché possiamo aver smascherato i nemici all'interno dei nostri pensieri, possiamo aver imparato a tollerare il nostro corpo, possiamo aver vinto le sfide sul lavoro, possiamo esserci destreggiati tra amici e partner riuscendo a mantenere ancora un briciolo di salute mentale. Ma, se prima o poi non impariamo a farcela anche all'interno delle nostre questioni familiari, saremo per sempre destinati a stazionare al livello precedente.

Quindi, armiamoci di pazienza, abbondanti lacrime e un bel po' di spirito critico per la sfida decisiva della nostra scortesia.

Buon divertimento.

Dalla parte dei figli

Farcela in famiglia non è per niente una cosa semplice.

Nasciamo immersi in un nucleo composto da gente che a sua volta è nata in un nucleo composto da altra gente e così via da generazioni. Oltre ai sentimenti, alle ricette del tiramisù e ai racconti di tempi in cui si stava meglio, dai nostri cari ci viene tramandato anche lo storico dei disagi familiari che si susseguono nell'albero genealogico fino, un giorno, a giungere anche a noi. Un passaggio di consegne un po' pretenzioso per un neonato ignaro del posto in cui è capitato.

Non che crescendo vada sempre meglio, poi. Se siamo già campioni di intolleranza quando scegliamo noi chi frequentare, nei rapporti con le persone che non abbiamo scelto, i cosiddetti "parenti", le cose potrebbero rivelarsi davvero molto difficili.

Alcuni eletti riescono fin da subito a gestire con efficacia il disagio ricevuto in omaggio insieme alla loro stessa vita, godendo appieno del proprio spazio all'interno della famiglia. Mi hanno detto che esistono, anche se non trovo sufficiente letteratura sul tema.

Per molte altre persone, invece, non è propriamente così e, ognuno con diversi gradi di intensità, si finisce tutti un po' incastrati nelle proprie dinamiche familiari.

Che la nostra sia una famiglia ricca o povera, numerosa o piccola, tradizionale o no, nessuno è, di per sé, indenne dal restarne coinvolto. Il disagio può trovare un terreno molto fertile in famiglia, a prescindere dall'età, dal genere, dall'orientamento sessuale dei suoi componenti o da tante altre caratteristiche da sondaggio Istat.

E, allora, possiamo sentire il bisogno di volerne capire di più, di scoprire come mai, di conoscerne meglio i perché.

Chi è il vero responsabile del mio disagio?

«Alla fine non mi è mancato niente»

Molti di noi hanno avuto cibo e benessere sufficienti per essersi assicurati una crescita dignitosa, probabilmente molto più di quanto avessero avuto, ai loro tempi, i nostri genitori.

In assenza di gravi problemi, pensiamo che sia un po' da stronzi rompere l'idillio familiare; del resto, «non ci è mai mancato niente» e ci pare assurdo, adesso, indulgere in lamentele verso chi ci ha donato la vita.

Eppure, anche quando non abbiamo vissuto grossi drammi o indelebili traumi infantili, possiamo aver portato con noi la sensazione di non essere sempre stati dei bambini sereni. Da fuori, la nostra infanzia può dirsi felice ma, vista da dentro, sembra che qualcosa non sia andato proprio per il verso giusto; possiamo aver patito delle mancanze o una sofferenza, spesso anche profonda, ma che non ci siamo mai fermati a guardare davvero. Qualcosa di non detto che può essere stato rilevante sul nostro sviluppo.

Qualcosa di importante, anche quando non siamo rientrati nei casi da Telefono Azzurro, ma che, magari, possiamo esserci portati dietro fino a oggi.

Spesso ragioniamo come se le nostre mancanze non fossero neanche degne di essere viste, deviati dalla comune convinzione che esistano disagi di serie A e disagi di serie B e che questi ultimi, che sono anche i nostri, non siano sufficientemente validi da essere riconosciuti. Insomma: anche, o soprattutto, in famiglia potremmo aver sperimentato un certo grado di sofferenza. Ammetterlo, non significa essere irriconoscenti per tutto il bello che c'è stato.

Quando guardiamo la famiglia, ma anche le diverse altre sfere della nostra vita, dobbiamo sempre tenere conto che esiste la complessità: non si deve scegliere tra amore o odio, tra gioia o dramma, ma si può essere grati e, al tempo stesso, riconoscere i momenti di sofferenza.

Anche quando non è l'unica cosa che abbiamo provato a casa, quella sofferenza esiste. Guardarla è il primo passo per liberarsene. Per evitare le esplosioni improvvise di rabbia davanti alla tv, le frecciatine che partono come missili durante i pranzi in famiglia, la tristezza che arriva inaspettata senza conoscerne i perché.

E questo non significa "dare la colpa" alla famiglia. Significa prendere atto di ciò che abbiamo vissuto, per lasciarlo presto andare.

Per lasciar andare il disagio familiare ci tocca, prima, aprire la porta di casa.

Un luogo in cui spesso ognuno dà il peggio di sé.

Che, in alcuni casi, coincide con il meglio.

Brava

Ero la classica brava bambina. Educata, diligente, per niente capricciosa. Sempre pettinata, sempre seduta composta e con i quaderni sempre perfetti. Facevo quello che mi dicevano gli adulti, mi adeguavo. Forse perché intimamente convinta di non potermi permet-

tere di fare diversamente. Anche da adulta, poi, continuo a farlo. Faccio tutto ciò che gli altri si aspettano da me: una brava lavoratrice, una brava amica, una brava compagna.

Essere brava mi viene facile, quasi automatico. Tanto da rendermi spesso sorda su ciò che realmente voglio. Ma chi sono io a parte "quella brava"?

E se, invece di fare le cose che si aspettano da me, iniziassi a fare ciò che più mi piace?

Una brava persona

Fin da piccoli ci hanno detto di dover essere bravi. Diligenti, rispettosi, andare d'accordo con tutti. Per fortuna, direte: non si può mica dire a un bambino di fare il cattivo, di non studiare, di dire parolacce.

Possiamo essere "bravi" quando abbiamo bei voti, quando vinciamo a calcio, quando siamo disponibili, obbedienti o quando non diamo fastidio alle altre persone. A volte, possiamo essere bravi se rispettiamo alcuni ideali di bellezza estetica, di perfezione o, magari, anche di magrezza. Quel "bravo" può aver avuto diversi significati per noi, a seconda dei valori che i nostri genitori hanno ritenuto importante trasmetterci. Spesso portandoci a conseguenze piacevoli.

Il problema arriva, però, quando, da figli, abbiamo capito che quel "bravo" era il nostro unico modo per farci amare. Un pensiero apparentemente innocuo ma che, guardato da più vicino, porta con sé risvolti molto inquietanti.

Colpa dei genitori?

Quando da piccoli ci hanno detto di "fare i bravi" noi, molte volte, potremmo aver capito di doverlo fare *solo* per ottenere amore dai nostri genitori. Siamo bravi a scuola, non perché è bello sapere cose nuove, per fare dei giochi più divertenti o per una nostra personale soddisfazione: pensiamo di doverlo fare *solo* per far contenti i nostri genitori. Per meritare amore, quindi, abbiamo ritenuto necessario essere diligenti, performanti, brillanti, affidabili o magari compiacenti. In pratica, potremmo essere cresciuti credendo che la nostra amabilità sia collegata al nostro grado di bravura in obbedienza, performance, accudimento o altri valori che la nostra famiglia ha deciso di trasmetterci.

In questa sorta di *do ut des* affettivo, da piccoli, ci siamo adeguati. E, a volte, continuiamo a farlo anche da adulti, provando a perseguire quel tanto ambito "bravo" solo perché è diventato il nostro principale modo di ottenere validazione.

Alla base, abbiamo interiorizzato un concetto molto pericoloso: l'amore si merita, a partire da quello genitoriale. E, per meritare amore, occorre fare ciò che gli altri si aspettano da noi, ciò che per loro è importante. Con inevitabili ripercussioni non solo in famiglia, ma nei diversi ambiti della vita.

Se siamo cresciuti pensando che il nostro valore e l'amore delle persone attorno a noi dipendano esclusivamente dall'"essere bravi", potremmo aver generalizzato questo schema comportamentale anche al resto delle nostre relazioni, erroneamente convinti che gli altri ci riconoscano solo se facciamo ciò che si aspettano da noi. Quindi solo se, ai loro occhi, siamo persone meritevoli.

Essere bravi diventa il nostro unico modo per renderci amabili e sentirci meritevoli di amore.

Therapy spoiler. L'amore non deve essere meritato.

La nostra famiglia potrebbe involontariamente avere legato alcuni valori a dei ricatti affettivi confortevoli. La leva del «se fai quello che ti dico, ti voglio bene» ha impedito a molti di noi di essere autentici e scegliere liberamente che tipo di persona essere, oltre quei «bravo». Crescere convinti che "essere bravi" sia l'unico modo per essere visti e ricevere amore, anche da adulti, potrebbe averci portato nei diversi ambiti relazionali a ricercare costantemente approvazione e il riconoscimento, spesso a discapito dei nostri veri bisogni.

Capita quando non riusciamo a dire di no alle richieste dei nostri cari, anche quelle più assurde, quando vogliamo a tutti i costi interpretare il ruolo del partner brillante, quando lavoriamo molto più del dovuto, solo perché qualcuno ci fa credere che siamo gli unici a poterlo fare.

Essere bravi può diventare la chiave per giustificare la nostra presenza nelle relazioni, il nostro unico modo per prendere spazio. In base alle modalità e al carico personale di intenzioni e attribuzioni sul tema, gli effetti di questo tipo di educazione possono aver avuto diverse conseguenze da persona a persona.

Ma cosa succede quando non sono bravo?

Non è mica sempre facile essere bravi.

Possiamo averci provato senza mai ottenere il risultato desiderato, possiamo avere avuto attitudini o desideri diversi da ciò che i nostri genitori avrebbero voluto per noi. Alcune volte ce l'abbiamo fatta, ma loro potrebbero averci detto di fare ancora di più, di fare meglio, per spronarci o mossi da intenzioni tutte loro, ma che dentro di noi hanno risuonato come un «non è ancora abbastanza».

Potremmo essere stati bravi senza che nessuno lo abbia mai visto davvero, spingendoci in una frustrante corsa a esserlo ancora e ancora di più. In nome di quel "bravo" potremmo esser diventati degli adulti altamente performanti.

Ma raramente felici o soddisfatti.

Se non riuscire a esser abbastanza bravi ci ha portato rabbia, frustrazione e la sensazione di non essere meritevoli di amore, non usciamo indenni neanche quando la nostra famiglia ha sempre riconosciuto la nostra bravura.

Il nostro esser bravi può essere diventato, allora, parte della nostra definizione identitaria, quel pilastro irremovibile della nostra autostima, senza il quale non ci sentiremmo di essere davvero noi stessi. Siamo abituati a essere riconosciuti e amati ogni volta in cui il nostro comportamento combacia con le aspettative delle persone per noi importanti. Noi *siamo* quelle aspettative.

Ma la mia famiglia ci sarà ancora quando smetterò di essere ciò che si aspetta da me?

Alcune volte non osiamo nemmeno chiedercelo. Non ammettiamo neanche la possibilità di essere altro rispetto a ciò che, pensiamo, la nostra famiglia si aspetta da noi. Non ce lo concediamo, come se non fosse neanche un'opzione possibile staccarci da quei "bravo".

Siamo bravi, ci definiamo bravi e lo ostentiamo con orgoglio. Per alcuni essere bravi significa essere disponibili, per altri può significare essere colti, per altri ancora può significare essere belli. Essere "bravi" può assumere diverse forme, anche opposte, nella misura delle aspettative e dei valori che ci hanno detto essere importanti per ottenere amore. Ci crediamo, pensando che sia quella la nostra identità. Ed entriamo in crisi quando, invece, smettiamo di esserlo. Perché prima o poi capita a tutti di non passare un esame, di non piacere a qualcuno, di ingrassare, di dimagrire, di non riuscire a essere disponibili, di non riuscire a essere come da sempre ci hanno detto che sia giusto.

Prima o poi capita a tutti di infrangere le aspettative degli altri.

Prima o poi capita a tutti di infrangere le aspettative di se stessi. Facendo “i cattivi”.

Chi sono io, quando non sono bravo?

Reminder scortese. Essere bravi può essere un'opzione.

Un’opzione nell’infinità dei possibili modi di essere che è bene includere quando pensiamo a chi siamo.

È molto facile avere una buona idea su se stessi quando si riesce nei compiti richiesti. Ma è proprio quando smettiamo di essere bravi che entra in gioco la nostra scortesia, quella vera. Perché noi possiamo essere tante cose, oltre quelle che gli altri, e noi stessi, si aspettano da noi.

Possiamo non essere bravi.

Essere scortesi in famiglia significa mollare lo scettro della bravura e scoprire di poter essere amabili, nonostante tutto.

Esercizio 1 – Specchio delle mie brame

Ti serviranno:

- *Uno specchio, possibilmente magico*
- *Una mela avvelenata*

Troppo noioso vestire i panni di Biancaneve. Molto più divertente essere la strega Grimilde. Con questo esercizio interroghiamo il suo specchio per capire quale tipo di bravura è quella che è andata più in voga nella tua famiglia.

Da brava strega di *Biancaneve*, ti trovi davanti al tuo specchio magico:

> *«Specchio, servo delle mie brame, chi è la più brava del reame?»*

Se il tuo specchio non si anima prendendo parola da solo, non temere, c'è un piano B: guarda indietro, ai tempi della tua infanzia, e prova a individuare il tipo di bravura che incoraggiavano gli adulti della tua famiglia. Chi era "la più brava del reame"? Qual era il modello a cui ti dicevano di dover ambire? La tua cugina sempre perfetta? Il compagno di classe che aveva un voto in più di te?

Cosa significava esser "bravo" per i tuoi genitori?

Mi dicevano "bravo" soprattutto se:

- *prendevo bei voti a scuola*
- *non facevo capricci*
- *riuscivo negli sport*
- *non saltavo le lezioni di pianoforte*
- *non litigavo con mio fratello*
- *mangiavo tutto quello che cucinavano per me*
- *mi facevo valere con gli altri*
- *mi vestivo bene*
- *... e tanto altro ancora...*

Ci riuscivo?
Cosa succedeva quando proprio non ce la facevo?

Riconoscere i valori che sono stati maggiormente trasmessi dai nostri genitori ci è utile per capire il nostro modo di relazionarci agli stessi, anche da adulti.

A quali valori corrispondono quei "bravo"?

E adesso, come mi pongo rispetto a questi valori promossi dalla mia famiglia?
Quali restano miei e quali invece proprio no?

Da brava strega cattiva, è arrivato il momento di rompere quello specchio e smettere di cercare bravura nelle cose che per te non sono più importanti.

E, magari, offrire una mela avvelenata a tutti quei valori che si celavano dietro quel "bravo" che ora sai di non condividere più. Buon sonno eterno a loro.

Colpa della società?

Trasmettere sottobanco l'idea che da quel "bravo" dipendesse tutto il loro affetto non è stata di certo un'idea geniale da parte dei nostri genitori. Più che con il ricatto affettivo, la trasmissione dei valori si ottiene con l'esempio, le storie, il dialogo e anche con il conflitto. Certo è che a loro è sembrata una buona strategia, sicuramente più valida della violenza e della pedagogia nera, molto in voga ai loro tempi e di cui probabilmente erano state vittime loro stessi.

Ma, in questa sagra delle colpe, i nostri genitori non sono gli unici responsabili.

La tendenza a "esser bravi" compiacendo gli altri è comunemente chiamata "sindrome della brava bambina" e indica quell'atteggiamento accomodante che è promosso dall'educazione che culturalmente decidiamo di dare in prevalenza alle donne. Non è, quindi, solo "colpa" della famiglia: a scuola, in tv, nei giochi, nello sport e in tantissimi altri ambiti della nostra vita, anche fuori da casa, ci scontriamo con delle aspettative sociali che, ancora oggi, troviamo pregne di stereotipi di genere.

Dalle bambine ci aspettiamo che facciano le "brave", che siano maggiormente predisposte all'intelligenza emotiva, che siano composte e sorridenti e che abbiano un atteggiamento compiacente, anche a costo di sacrificare i loro stessi bisogni e attitudini. Non che gli uomini ne siano indenni: dai bambini ci si aspetta, al contrario, che siano vivaci, coraggiosi e determinati. Delle spinte più orientate verso l'indipendenza, ma che intrappolano gli uomini in modelli oltre la propria portata, esortandoli a essere sempre forti, coraggiosi e aderenti a un'aspettativa di mascolinità in cui non è possibile piangere, sentirsi fragili o essere irrazionali.

Solo da grandi scopriamo che possiamo essere tante cose insieme e che non tutte devono corrispondere a ciò che la società si aspetta da noi.

Gli uomini possono piangere, abbandonarsi alle emozioni, non avere sempre coraggio. Le donne possono non essere sempre empatiche, multitasking, "portate" per i lavori di accudimento. Le donne possono essere mediocri. Le donne possono non essere brave.

Non dire più

- *«Confrontati con quelli meglio di te, non con quelli peggio.»* È importante farsi ispirare dalle persone più brave, ma è importante anche considerare che esistono persone meno performanti di te e non per questo meno degne di occupare spazio. Lo spazio si può occupare, a prescindere dal merito.
- *«Sono certo che non sbaglierai.»* E se invece lo facesse? Ciò che può sembrare una frase motivante, sottintende un divieto a fallire. Meglio sostituirla con: *«Sono fiducioso sul tuo risultato, ma se sbagli, io sarò qui lo stesso»*.
- *«Solo un genitore può capire.»* Non serve condividere le stesse esperienze per entrare in empatia con l'altra persona, anzi, questa frase alza un muro tra te e l'interlocutore, che, sentendosi dire di non poterti capire, rinuncerà presto a volerlo fare.

Abbiamo capito che nessuno è escluso da questa sagra delle colpe: esistono tante variabili che hanno avuto un ruolo importante nel formarci come persone. Riconoscerlo, non vuol dire deresponsabilizzarci, ma ci avvicina a comprendere la complessità degli eventi che, intrecciandosi con il nostro modo di essere, hanno contribuito a renderci le persone che siamo.

E quando, invece, le colpe sono evidenti?

La mia più grande ingiustizia

Quando ero piccola, credevo che fosse un gioco. Nessuno vedeva, per tutti andava bene così. Quando ho provato a parlarne agli adulti, mi sono ritrovata a dubitare di ciò che io stessa avevo visto.

Ci sono voluti tanti anni per capire di cosa si trattasse. E ancora oggi mi fa rabbia sapere che ai tempi nessuno mi ha protetta e tutelata. Perché io ero solo una bambina. Ma adesso non mi darò pace finché tutti non ammetteranno i propri errori.

Colpa delle ingiustizie?

Sei in sella alla tua bicicletta e stai pedalando in direzione della tua vita. A un certo punto, un ciclista accanto a te si avvicina, ti urta e ti fa cadere per terra. Sei lì per terra, hai diverse ferite e pensi con incredulità a ciò che ti è appena successo. A volte qualcuno si ferma accanto a te per assicurarsi che tu stia bene. Ma non è abbastanza per farti rialzare.

E allora resti lì, tu e la tua bici. E la rabbia di aver ricevuto quella spinta che ti ha portato a cadere.

Le ingiustizie funzionano proprio così.

Ci fanno cadere, ci feriscono e ci destabilizzano al punto da farci riprogrammare tutto. A volte, anche la direzione della nostra stessa vita.

Ci sono parti del nostro passato che ci hanno ferito, immobilizzandoci al suolo per anni, in attesa di un soccorso che non è mai arrivato. Possiamo ritrovarci bloccati ancora adesso. Oppure, invece, dopo la caduta, possiamo esser saliti subito in sella per dar inizio a un'interminabile corsa verso quella vendetta che tanto pretendiamo.

Fa rabbia esser caduti, fa rabbia che ci abbiano spinto, fa rabbia che nessuno lo abbia impedito e che nessuno si sia, poi, preso carico del nostro dolore come avremmo voluto.

Possiamo passare una vita intera in questa rabbia. Il mondo fuori, al contrario, ci dice di perdonare. Ma come possiamo anche solo pensare di poterlo fare?

Soprattutto se a farci cadere è stata proprio una persona di cui ci fidavamo. Magari qualcuno della nostra famiglia.

Anche quando ci dicono che il dolore ci farà diventare persone più forti, anche quando ci esortano a provare gratitudine per la schifezza che abbiamo subito, fa male.

Quella sofferenza è valida.

Quando la nostra infanzia è stata la trama di un

film horror, quando la nostra famiglia non ci ha mai davvero sostenuti, riconoscere quelle colpe ci conforta e ci accoglie. Perché, davvero, non è colpa nostra. Dircelo ci dà le chiavi di un luogo in cui finalmente il nostro dolore trova validazione. In cui finalmente non siamo noi quelli sbagliati.

Un luogo dal quale, però, potrebbe essere davvero difficile uscire.

Partecipare per un po' alla sagra delle colpe è ciò che ci farà finalmente sentire di stare nel giusto, di essere adeguati, di essere validi.

Ma, a un certo punto, è importante salutare e lasciare tutti lì.

Fa rabbia aver subito un'ingiustizia. Fa rabbia che questa ingiustizia ci abbia fatto sentire sbagliati, minando tutte le nostre sicurezze. È ingiusto che gli altri non abbiano saputo vederci nel modo in cui avremmo voluto, è ingiusto che non ci siano stati nel momento del bisogno.

Ma è ancora più ingiusto rinunciare al nostro percorso di vita solo per ottenere dagli altri una giustizia e una validazione che, purtroppo, potrebbero non arrivare mai.

A quella caduta puoi reagire in diversi modi.
Puoi restare immobile per terra, in attesa che qualcuno venga da te, ti curi e ti faccia rialzare, magari anche consegnandoti la testa del ciclista impunito. Bello, ma potrebbe non avvenire mai.
Puoi rimetterti subito in sella, pedalando all'impazzata per rincorrere quella persona, almeno finché non riesci a farti giustizia. Ammesso che tu ci riesca, quella vendetta da sola non farà comunque sparire le tue cicatrici.

Puoi curare le ferite, rialzarti, prendere la bici e ritornare sulla tua strada. Lasciando indietro ciò che non ti è più utile.

Il nostro passato e la nostra infanzia possono avere fatto schifo. È giusto riconoscerlo.

Possiamo scegliere di restare arenati per tutta la vita nelle colpe di nostra madre, di nostro padre, della società, delle ingiustizie o di tutte le persone che in passato abbiamo incontrato sulla nostra strada. Possiamo stazionare a lungo in quel luogo e ricondurre ciò che siamo esclusivamente a ciò che abbiamo ricevuto.

Ma è solo disertando la sagra delle colpe che sarà possibile imparare ad assumerci la responsabilità di intervenire sul nostro presente. Prendendocene cura.

Ciò che è successo non è colpa nostra, ma è nostra responsabilità di adesso scegliere come reagire.

Therapy spoiler. Per la tua salute mentale non serve perdonare. Serve lasciar andare.

Che è molto diverso.

Lasciar andare è diverso dal perdonare.

Possiamo riconoscere le colpe dei nostri genitori e non stare più al gioco dei "bravo".

Possiamo prendere atto della società in cui ci troviamo e rompere gli stereotipi che tanto ci hanno limitato in passato.

Possiamo denunciare le ingiustizie, ma al tempo stesso ricordare quanto ingiusto sia per noi perderci dietro la vita intera.

Evitando così di ritrovarci alla fine della nostra vita con la colpa di esser restati fermi per tutto il tempo in quelle colpe.

«La vendetta non è mai una strada dritta. È una foresta.
E in una foresta è facile smarrirsi.»

HATTORI HANZŌ
Kill Bill: Volume 1

PER SEMBRARE GENTE CHE NE SA

"Tutta colpa del"... *"Locus of control"*

Siamo esseri umani semplici: abbiamo il vizietto di dare una spiegazione a tutte le cose che ci capitano. In questo slancio esplicativo, ognuno di noi tende a dare le "colpe" prevalentemente a cause esterne o interne a se stesso. Possiamo scegliere di dare la colpa solo alla nostra famiglia, alla società, al governo, alla sfiga, oppure, al contrario, possiamo sentirci gli unici responsabili di ciò che ci succede, facendoci divorare dall'ansia e dai sensi di colpa.

Tecnicamente si chiama "*locus of control*" e ci dice quanto siamo inclini a credere che il "centro di controllo" di ciò che ci succede risieda in forze esterne, che non dipendono direttamente da noi, o in noi stessi, nelle nostre scelte, azioni e comportamenti. Avere un locus of control esterno significa, quindi, credere che ciò che ci capita sia causato in prevalenza da fattori fuori dalla nostra responsabilità, tipo gli altri, la fortuna, il destino, l'oroscopo. Averlo interno, al contrario, vuol dire ritenersi i principali responsabili di ciò che ci succede. Insomma, il locus of control altro non è che un nome più stiloso per definire coloro ai quali diamo le "colpe" delle nostre miserie. Chi tende ad averlo esterno riesce ad accettare con più facilità gli eventi negativi, ma è anche più incline alla depressione, alla dipendenza e alla passività; chi ce l'ha interno è più orientato verso i propri obiettivi, anche se fa spesso i conti con ansia, sensi di colpa e l'impressione di avere sulle spalle tutto il peso del mondo. L'ideale, come sempre, sarebbe fare un mix che non ignori la nostra parte di responsabilità attiva, ma che ci ricordi che è solo una parte, accettando che certe cose non possono dipendere esclusivamente da noi. Orientandoci, più che sulle colpe del passato, sulla nostra responsabilità presente, per muoverci attivamente senza aspettare che una persona, un guru o un biglietto della lotteria ci liberi dalla nostra condizione.

Il livello pro di scortesia in famiglia si raggiunge solo quando riusciamo a staccarci da tutte quelle colpe, reali o presunte, che hanno contribuito a determinare ciò che siamo. Smettendo di guardare al passato e iniziando a sentirci responsabili del nostro presente.

Benvenuti nella vita adulta.

Se nessuno si è preso carico del nostro disagio, l'unica è, adesso, imparare a farlo da noi. Accudendoci e guidandoci, proprio come si fa con degli infanti.

Perché diventare adulti significa anche diventare genitori… di se stessi.

Dalla parte dei genitori

Dopo le prime ore passate a essere genitori di noi stessi capiremo subito una cosa: ma quanto è difficile fare i genitori?!

Se già ci sembrava un traguardo far sopravvivere il nostro Tamagotchi per più di mezza giornata, padroneggiare adesso i joypad dell'accudimento del nostro infante interiore, bisognoso e incapace di stare al mondo, alza notevolmente il livello di difficoltà. Stare nei suoi pensieri ed emozioni, accoglierli senza invalidarli, non puntare il dito contro ogni suo sbaglio e, al tempo stesso, guai a dire troppi "bravo" che chissà che cosa capisce, poi.

Accudire noi stessi richiede tempo e focus costanti. Una pratica necessaria per imparare a prenderci cura della nostra persona e smettere di aspettare che lo facciano gli altri. Perché gli altri non lo faranno. O, quando e se lo faranno, potrebbero comunque non farlo nel modo in cui vorremmo.

Spetta a noi prenderci cura del nostro moccioso interiore: un lavoro alienante, complesso e spesso frustrante.

Pensate quando dall'altra parte c'è un bambino vero.

Sbagliata

Mi dicevano che certe cose una mamma le sa, che l'istinto mi avrebbe guidata, che dopo diventa tutto naturale.

Cazzate. Dopo il parto, mi sentivo totalmente persa.

Chi lo sa come si tiene un bambino? Se gli do il biberon diventerà un tabagista? Allattare fino all'infinito o non farlo proprio? E quando piange lo ignoro o lo coccolo? E se poi "si vizia" troppo?

I consigli non richiesti certo non mancavano. Così, oltre a dover badare a un neonato, mi ritrovavo a dover gestire anche il mio sentirmi sbagliata rispetto alla perfezione, al multitasking e all'onniscienza che mi hanno da sempre detto di dover avere in quel ruolo lì. «Devi essere sempre presente, non vorrai mica traumatizzarlo», «devi prenderti cura di te, non vorrai mica sembrare sciatta», «devi riprendere subito a lavorare, non vorrai mica perdere le tue ambizioni e confermare lo stereotipo di mamma-chioccia». Che confusione.

Adesso so che la mia unica certezza sul tema è questa: una mamma non ha certezze.

Una mamma ci prova.

Se già con molta fatica abbiamo imparato a sopravvivere nel nostro ruolo da figli, quando, poi, decidiamo di varcare la porta della genitorialità, notiamo fin da subito che è un'esperienza molto diversa da come ce l'hanno raccontata.

Già, perché con l'attestato di genitore, non viene trasmesso in automatico alcun tipo di sapere o competenza. Non si diventa improvvisamente più saggi o maturi.

Ci dicono da una vita «Quando sarai genitore lo capirai», ma a noi sembra proprio di capirne ancora meno.

Nessuno ce lo ha mai insegnato prima e, a complicare il tutto, ritornano sempre loro, le nostre care amate aspettative. Ingombranti, rumorose, ci dicono come dovremmo essere in quel ruolo e quali emozioni è giusto o non è giusto provare, facendoci danzare goffamente tra senso di inadeguatezza e aspettative di perfezione.

La genitorialità è un'esperienza complessa. Un'esperienza ricca di intensità e di amore e, al tempo stesso, anche di disagio. I figli possono essere la nostra più grande gioia, ma anche il nostro più grande tormento, possiamo sentirci energici ma anche stanchi, potrebbe essere un ruolo che abbiamo tanto desiderato ma potremmo ritrovarci comunque a rimpiangere la nostra vita di prima. Insomma, come tutte le esperienze intense e bellissime della vita, anche la genitorialità alcune volte potrebbe farci schifo.

Includere la possibilità di provare emozioni contrastanti potrebbe aiutarci a pretendere meno da noi stessi, godercela di più e vedere con più tolleranza i nostri sbagli e, chissà, magari anche quelli dei nostri genitori. Che abbiamo figli oppure no, accettare l'imperfezione della genitorialità potrebbe essere l'occasione per farci abbandonare quella sagra delle colpe a cui tanto amiamo partecipare.

Trasformandoci da figli incazzati a adulti consapevoli.

Anche di sbagliare.

Il meglio per te

La mando a scuola di inglese, a lezione di violino, a tennis. Le do tutto quello che io non ho potuto ricevere. Alla sera, le correggo i compiti, per evitare che il giorno dopo faccia brutte figure con le insegnanti. Adoro spiegare a mia figlia tutte le cose che so; mi è sempre piaciuto spingerla verso ciò che è meglio per lei. Sono il suo punto di riferimento: le do consigli su come vestirsi, su come comportarsi con i suoi amici e provo ad aiutarla prima ancora che me lo chieda, selezionando le cose che reputo più adatte a lei.

Mi sono sempre sentito un bravo papà.

Ma ieri lei mi ha urlato di volere più spazio.

Avrò sbagliato tutto?

È più forte di noi. Con le nuove generazioni ci facciamo spesso ammaliare dal seducente fascino del didatta, convinti che la nostra missione sia prevalentemente spiegare ciò che noi stessi abbiamo, con fatica, imparato sulla vita. Il risultato? La relazione genitore/figlio si riduce, allora, a una noiosissima lezione frontale.

Non vedevamo l'ora di avere un figlio per poter finalmente avere la nostra seconda possibilità per ripartire da zero e rifare tutto meglio, per bene, avendo già alle spalle un bel carico di sapere ed esperienza da mettere al servizio di questo ambizioso progetto. Quel "vantaggio" che potrebbe finalmente riscattarci. I figli diventano, allora, la nostra seconda possibilità, quel braccio meccanico a prolungamento della nostra vita, delle nostre intenzioni e delle nostre esperienze.

Ma i figli non sono un braccio meccanico; i figli non sono la nostra seconda possibilità.

Produciamo infiniti consigli e interminabili lezioni di vita su ciò che, pensiamo, sia il meglio per loro. Di fatto, derubandoli del diritto di sbagliare, di sporcarsi le mani o di essere se stessi in modo diverso da come avevamo pensato noi. Manipolare le loro scelte, tutelarli costantemente da errori e brutte figure, controllare le loro singole azioni sono dei reati che faranno fatica a perdonarci, alimentando quella sagra delle colpe dalla quale noi stessi abbiamo già difficoltà a uscire.

Quando puntiamo al meglio per i nostri figli, spesso ci dimentichiamo di fare il loro bene.

E, per il loro bene, possiamo proteggerli, ma non potremo preservarli in eterno dallo schifo che c'è in giro. La vita è un'esperienza imperfetta: non possiamo evitare che prima o poi i figli entrino a contatto con il disagio fuori dalla nostra casa, con le brutte figure, con gli errori necessari per crescere e diventare degli adulti autonomi.

Se decidiamo di presentare un mondo filtrato da tutto il brutto che c'è, questo genererà in loro ulteriore disagio.

Ciò che consideriamo "il meglio per loro" potrebbe essere il peggio per la loro capacità di autoaffermazione. E per la nostra stessa relazione.

Essere genitori scortesi significa accettare il fatto che i figli non avranno sempre bisogno di qualcuno che gli dica cos'è meglio per loro. Non è quello ciò che vogliono dai genitori.

Ma potrebbero voler sapere che ci troveranno ancora accanto, mentre sbaglieranno cercando la loro realizzazione. Che potrebbe essere molto diversa da ciò che avevamo in mente noi.

Da genitori, tocca accettare che i figli possono essere liberi di muoversi oltre il percorso che avevamo previsto.

Perché procreare significa donare vita. Ma non quella che abbiamo già vissuto noi.

Cose da sapere per farcela in famiglia

Riepilogando. Se c'è chi non vede l'ora di dare la colpa ai familiari per tutto il proprio malessere, passato, presente e futuro, esiste anche una gran fetta di popolazione che eccede nel senso opposto, finendo per insabbiare tutto ciò che di negativo ha vissuto a casa. Le aspettative, reali o solamente ipotizzate, possono averci portato a uno sviluppo poco autentico della nostra persona. E le ingiustizie possono averci messo il loro carico da novanta. La colpa di questo è di tutti e di nessuno. Restare arenati alle sole colpe, nostre o degli altri, non rende idea della complessità della questione. Ma soprattutto ci distoglie dal diventare adulti, accudirci, prenderci carico del nostro presente e scegliere che tipo di persona, ed eventualmente di genitore, vogliamo essere fuori e dentro la nostra famiglia.

Che siamo genitori, o solo figli, per farcela in famiglia è importante abbandonare l'idea che la nostra famiglia debba essere perfetta.

Te la buco 'sta armonia.

La famiglia è uno stato mentale. Un luogo di supporto reciproco, di stima, di relazioni significative. Un luogo che pensiamo debba essere caratterizzato esclusivamente da quiete e armonia. Ce lo immaginiamo così, anche quando le cose attorno a noi ci dicono ben altro.

Aspettando di trovarci in quel luogo ameno, spesso, chiudiamo gli occhi, tappiamo le orecchie, a volte, serriamo la bocca. Illudendoci che la nostra famiglia sia come vorremmo, restiamo delusi tutte le volte in cui capiamo che non è così.

Spesso, pur di non rompere l'idea di quella famiglia perfetta di cui speriamo di fare parte, ci sforziamo di fingere che vada tutto bene. Che ci vada tutto bene. Pur di non turbare la quiete e l'armonia che da sempre pretendiamo di trovare a casa, non facciamo altro che renderci complici di silenzi assordanti. Accettando tacitamente delle prassi che, paradossalmente, ci allontanano sempre più dalle persone accanto a noi.

Organizziamo cene di famiglia, pur restandone feriti ogni volta, pianifichiamo le nostre ferie con i parenti, ma ce ne lamentiamo non appena giunti a destinazione. Prendiamo decisioni convinti che la nostra famiglia sia diversa da com'è realmente. E ne rimaniamo delusi quando vediamo crollare puntualmente tutte le nostre aspettative.

Ma, pur di tutelare quell'armonia idilliaca, non parliamo chiaramente, per paura di smuovere certi equilibri, timorosi delle conseguenze che potrebbero derivarne.

Fingiamo che ci vada tutto bene, solo per paura di entrare in conflitto.

Assecondare, fingere, simulare accordo tra le parti è tutto ciò che di sbagliato si possa fare per vivere in maniera autentica all'interno della propria famiglia.

Evitiamo i conflitti, rinunciamo a esprimere il nostro dissenso, spesso dando per scontate cose che potrebbero non essere vere. Non comunichiamo forse perché pretendiamo che gli altri ci debbano capire a prescindere. O, più probabilmente, perché non abbiamo mai imparato a farlo.

Quando in famiglia manca la comunicazione, alla fine, è sempre qualcuno a rimetterci. E quel qualcuno potresti essere stato tu.

Comunicare diventa, quindi, un gesto rivoluzionario.

Per essere scortesi in famiglia è importante accettare che non si deve essere necessariamente tutti d'accordo.

Nelle famiglie si litiga. Il conflitto fa parte del gioco e offre la possibilità di esprimersi, di crescere e di confrontarsi.

Non è il conflitto ciò che dobbiamo temere, ma le modalità che vengono usate per esprimerlo o evitarlo.

Lavorare su queste modalità è l'unico reale modo per farcela in famiglia. E potrebbe esserci molto utile anche in tutte le altre relazioni.

Esercizio 2 - La ricetta del *ComunicamiSù*

Ti servono:

- una teglia imburrata di consapevolezza

- una frusta per montare quanto basta le tue emozioni

Questa ricetta è pensata per chi proprio non ce la fa a farsi valere, per chi ha il magico potere di passare rapidamente dalla ragione al torto, per chi non riesce mai a dire di no. Possiamo introdurla nella nostra alimentazione, gustandola a casa o portandola anche in diverse occasioni di socialità. Con questa ricetta è davvero difficile non farcela.

1. Prendi ciò che vuoi comunicare e disponilo su una teglia imburrata di consapevolezza, senza zucchero, né giudizi. Descrivilo così com'è. Esempio: «*Quando succede questo...*».
2. Aggiungi ciò che hai provato, montando il giusto le tue emozioni. Ricorda: il soggetto devi essere sempre tu, non usare colpevolizzazioni già confezionate sugli altri. Esempio: «*Io mi sento...*» al posto di «*tu mi fai sentire*».
3. Aggiungi e mescola, infine, dei suggerimenti sui

tuoi bisogni e desideri, per risolvere la situazione o offrire spunti per le prossime volte. Per i più abili, provando anche a mettersi nei panni dell'interlocutore. Esempio: «*Che ne dici se noi...*».
4. Decora il tutto con scaglie di fiducia per il futuro e vantaggi della proposta avanzata. Esempio: «*In questo modo noi...*».
5. Metti tutto in frigo, lasciando fuori le recriminazioni.

Et voilà: il *ComunicamiSù* è pronto per essere gustato!

Segreto dello chef: per una buona riuscita è importante lasciar libero il piano di lavoro da tutte le colpe preconfezionate su di te e sull'altra persona. Solo così la tua comunicazione non avrà il classico retrogusto di pregiudizi e banalizzazioni.

Questa ricetta di comunicazione assertiva ha l'arduo compito di farti prendere la responsabilità delle tue intenzioni ed esprimere ciò che pensi e provi in maniera chiara e diretta. Con questa ricetta eviterai di assumere un ruolo passivo, di essere aggressivo o di lanciarti in sottintesi, colpevolizzazioni velate o in tutte le altre mille variegature di passivo-aggressività.

Questa tecnica presuppone il riconoscimento dei diritti scortesi, tuoi e degli altri, e prevede l'uso dell'"io" al posto del "tu", puntando a metterti al centro e permettendoti di prendere la responsabilità di ciò che comunichi.

Il *ComunicamiSù* è una ricetta fondamentale per imparare a essere scortesi.

Gustala in compagnia di chi vuoi.

E quando la comunicazione non funziona?

Comunicare bene è una pratica che agli inizi ci affaticherà molto ma, una volta imparata, ritornerà utile in tutte le relazioni, dalle conoscenze fino ai rapporti più profondi e significativi.

La comunicazione è la portata principale delle relazioni: parlare apertamente, esprimere i propri bisogni, desideri e, sì, anche le proprie inquietudini migliorerà notevolmente il nostro modo di vivere i rapporti.

Ma rompiamo subito l'idillio: la comunicazione assertiva non fa miracoli.

Possiamo diventare campioni olimpionici di *Teaser* e di *ComunicamiSù*, possiamo fare corsi di scortesia, ma questo non ci impedirà comunque di scontrarci con un'amara realtà: anche la migliore delle comunicazioni non riuscirà sempre a farci ottenere ciò che vogliamo.

La comunicazione è una nostra alleata, ma non è il rimedio a tutti i mali.

Qualcuno doveva dirvelo.

Imparare a comunicare è una pratica che può cambiare in modo miracoloso i nostri rapporti. Ma le relazioni si costruiscono in più persone: possiamo comunicare i nostri bisogni al meglio e comunque trovare dall'altra parte chi continua a ignorarli. Possiamo chiedere assertivamente agli altri di smettere di fare alcune cose che ci feriscono, ma loro potrebbero non volerlo fare, o, magari, non riuscirci nel modo per noi necessario.

Possiamo perdere tempo ed energie tormentandoci per far comprendere le nostre scelte alla famiglia, ma questo non eviterà comunque il dissenso o la disapprovazione.

Insomma: comunicare non risolverà automaticamente tutti i nostri problemi.

Il *ComunicamiSù* è una ricetta valida per comunicare ed esprimere le nostre intenzioni, senza farci prevaricare, né essere aggressivi. Ci aiuterà a prevenire tantissimi conflitti basati su incomprensioni, equivoci e su una comunicazione scorretta.

Ma le tecniche di comunicazione non sono in grado di cambiare la realtà. Non possono risolvere problemi più grandi di noi, non possono evitare che ci sia disaccordo tra le parti, non possono evitare che le persone vogliano cose diverse dalle nostre.

Il *ComunicamiSù* non cambia le persone attorno a te. Niente in psicologia lo fa, se non sono loro stesse a volerlo almeno un po'.

Non esiste nessuna ricetta che ci permetta di cambiare le idee, i valori e le intenzioni dei nostri interlocutori. Chi vi promette il contrario, non è onesto con voi.

In psicologia, gli unici miracoli che puoi fare, sono quelli su te stesso.

La comunicazione assertiva potrebbe rivoluzionare le nostre relazioni ma, in alcuni casi, potrebbe anche non servire a niente.

Incompreso

Ho passato un'intera vita a elemosinare comprensione e riconoscimento dai miei genitori. Litigate, lotte, tentativi di attirare la loro attenzione solo per farmi vedere per ciò che sono.

Ora mi sento stanco e apatico: loro non cambieranno mai e non posso fare altro che prenderne atto. Ho smesso di cercare ciò che mi manca dove proprio non posso trovarlo. Ho tante altre persone attorno a me che mi amano e mi apprezzano per ciò che sono.

La mia famiglia non è composta solo dai miei familiari.

Oltre a emanciparsi dalla sagra delle colpe, oltre ad abbandonare l'idea dell'armonia perfetta, oltre a imparare a comunicare bene, per farcela davvero e dare il colpo di grazia a quel mostro finale del disagio familiare ci sarà necessaria un'ultima fondamentale cosa: accettare i limiti della nostra famiglia.

Accettarne l'incompletezza può fare male, ma è un passo necessario per smettere di restare delusi quando, per l'ennesima volta, ci scontriamo con comportamenti che urlano il contrario di ciò che continuiamo ad aspettarci.

I nostri genitori, figli, fratelli, sorelle, zii, cugini, nonni, nonne sono delle persone diverse da noi. Non possiamo portarli indietro nel tempo, né possiamo controllare ciò che hanno fatto o che faranno. Non possiamo cambiarli e renderli i familiari che vorremmo.

Per farcela a casa è importante prenderne atto.

Accettare che tua madre non ti abbia visto nel modo in cui avresti voluto.

Accettare che tuo padre abbia avuto dei comportamenti che non capirai mai.

Accettare che tuo fratello sia stato ascoltato più di te.

Accettare che i tuoi parenti ti chiederanno sempre: «Quando ti sposi?».

Accettare che tuo figlio faccia scelte diverse da ciò che avresti voluto per lui.

Accettare la possibilità che anche tu potresti non essere sempre al meglio per loro.

Essere scortesi in famiglia significa accettare i limiti dei nostri familiari e delle nostre azioni nei loro confronti.

Le persone a cui vogliamo bene possono comportarsi in modo diverso da come vorremmo e riconoscerlo ci permetterà di vivere le relazioni in famiglia con meno aspettative, pressioni, pretese e con maggiore autenticità.

Essere scortesi a casa non significa smettere di tifare per i nostri cari, di dare consigli e di impegnarsi per fare in modo di stare meglio all'interno delle relazioni: significa riconoscere i confini reciproci, provarci ma anche smettere di aspettarsi ciò che gli altri non sono in grado di darci e non ostinarci nel voler applicare quello stesso controllo che proviamo a esercitare male sulle nostre vite.

Farcela con i nostri cari significa abbandonare la pretesa di sapere che cos'è la loro felicità. Significa riconoscere i limiti delle nostre azioni, senza invadere, né farsi invadere. Significa accettare di non essere responsabili delle loro emozioni.

L'accettazione è quel colpo di grazia che stenderà a terra il mostro delle recriminazioni familiari.

Accettare la nostra impotenza ci darà un potere considerevole.

Perché farcela in famiglia è riconoscere che ognuno prova a dare amore nel modo in cui può.

7
Trappole cortesi
Occhio a non cadere in questi tranelli

Ci siamo: adesso dovremmo avere le idee più chiare su come provare a farcela nei diversi ambiti della nostra vita. Farcela che – ormai lo sappiamo – è ben diverso dal performare, dal fare ciò che fanno gli altri o dall'avere unanime riconoscimento.

Se fin qui abbiamo differenziato delle macroaree per conoscere e analizzarne i relativi disagi, più spesso, però, ci siamo scontrati con aspetti ricorrenti e trasversali che si ripropongono nei diversi temi. Concetti che si insinuano nella nostra mente, espandendosi a macchia d'olio nelle varie dimensioni della vita e che, mascherati da valori o da nobili ideali, una volta dentro, la incasinano un bel po'.

Ho deciso di chiamarle "trappole cortesi", in quanto, mostrandosi a noi come idee virtuose, ci intrappolano però in concetti rigidi e limitanti, conducendoci spesso proprio ai loro stessi contrari.

Già, perché, a volte, le cose più devastanti succedono proprio in nome di giusti principi.

In questo capitolo raccogliamo alcune tra le trappole più frequenti.

La trappola della verità

«Non dire le bugie»

Quante volte ce l'hanno detto?

Per molti di noi la verità è un valore. E questo non è certo un problema.

Lo diventa, però, quando, più che una scelta, è il risultato di una rigidità ad agire diversamente. Siamo cresciuti illusi che con gli altri la sincerità ci renda persone "vere", persone valide, oneste e meritevoli di rispetto. E, allora, usiamo la verità come un valore da sfoggiare, a prescindere dalle circostanze, senza tenere conto della situazione o degli effetti che la stessa potrebbe innescare al di fuori di noi. In nome di ciò che amiamo chiamare "onestà", "sincerità", "trasparenza" ci sentiamo spesso autorizzati a sparare missili contenenti tutto ciò che passa per la nostra testa. E chi se ne importa del luogo in cui atterreranno le nostre parole. Chi se ne frega dei filtri.

Come se non fossimo in grado di riconoscere ciò che è opportuno fare o dire a seconda delle situazioni. Come se non avessimo uno spirito critico.

Quando dai una brutta notizia, senza curarti se sia il momento adeguato per chi la riceve.

Quando la tua opinione non è richiesta, né utile a risolvere la situazione ma, in nome della sincerità, ti senti ugualmente autorizzato a insultare, sputare sentenze e perpetuare giudizi.

Quando un bambino ti chiede di Babbo Natale.

Alcune volte usiamo la verità semplicemente perché siamo incapaci di valutare quando e se è utile condividere le informazioni che abbiamo dentro. Una patata bollente di cui liberarsi, subito.

La verità diventa una trappola quando la usiamo privi di qualsiasi spirito critico. Lo spirito critico è il lubrificante dei nostri pensieri e ne abbiamo in quantità sufficienti per permetterci di usarlo ogni singolo giorno della nostra vita. Facciamolo: usare lo spirito critico non ci renderà delle persone "false" nelle relazioni.

La verità, seppur un nobile valore, non è una scelta assoluta.

Ma non è solo con gli altri che il fanatismo per la verità diventa un problema.

Del resto, non è mica obbligatorio farsi carico degli effetti che le nostre verità produrranno sulle altre persone. Anche se non ci importa nulla degli altri attorno a noi, la trappola della verità ha ripercussioni devastanti nel rapporto con noi stessi.

Capita tutte quelle volte in cui diciamo di essere persone timide, insicure, di non essere portate per determinate attività o relazioni solamente perché lo abbiamo dedotto da pochi, ma per noi significativi, episodi della nostra vita. Come se tutto ciò che ci succede serva a svelarci la verità su noi stessi, sulla nostra personalità, sulle nostre relazioni.

Non solo le "verità" che pensiamo di possedere sono il frutto di nostri bias e pregiudizi, ma le usiamo anche per fare stime e previsioni su noi stessi, sugli altri e sul nostro futuro. In nome di quel «sono fatto così», chi vogliamo prendere in giro? Non resta altro che rassegnarsi. La verità è una trappola quando le etichette che ci siamo autoattribuiti in base al nostro passato limitano la potenzialità delle nostre azioni presenti e future.

Diventa un peccato quando quella presunta verità riguarda il nostro essere o non essere bravi in certi sport o portati per alcune materie scolastiche. È, invece, una condanna quando ci suggerisce di non essere persone degne o meritevoli di amore. Possedere questo tipo di verità diventa, allora, molto pericoloso.

Ma è davvero poi così utile cercare sempre il vero?

Perdiamo energie e risorse mentali alla scoperta della verità assoluta, trasformandoci in Indiana Jones goffi e inesperti che si cimentano in viaggi infiniti alla ricerca di verità su se stessi, sul mondo o sulle intenzioni degli altri: tutto questo, ci fa spesso cadere dentro diversi buchi neri psicologici.

Il tempo impiegato a ossessionarci nella ricerca della verità su noi stessi e sulle persone che ci circondano, oltre a non tornare più indietro, non ci porterà comunque alle nostre tanto sospirate certezze. Per il semplice fatto che a queste ci sarà impossibile arrivare, a prescindere da quanto ci impegniamo nel cercarle.

La ricerca forsennata della verità, oltre a confonderci ulteriormente le idee, ci farà perdere energie mentali preziose che potremmo sicuramente investire in attività molto più gratificanti.

Perché possiamo godere ugualmente della nostra vita, anche se questa fosse solo un'illusione.

Scortesia è abbandonare l'estenuante ricerca della verità e ridimensionare il suo ruolo e la sua importanza nella nostra vita.

Scortesia è abbracciare l'unica verità che la nostra mente è in grado di produrre: la verità assoluta non esiste.

La trappola della giustizia

Subire un torto fa schifo.

Quando ci sentiamo vittime di ingiustizie, non si può certo dire il contrario: abbiamo ragione. Le nostre idee sono giuste. Le nostre emozioni sono valide.

In questi casi è inevitabile provare rabbia. Possiamo ignorarla e fingere che vada tutto bene, possiamo prenderla come alibi per restare fermi e non muoverci finché qualcun altro non verrà a curarci, possiamo usarla per attivarci in azioni orientate alla vendetta di ciò che abbiamo subito. Tutto comprensibile. Attenzione, però, perché la situazione potrebbe, presto, sfuggirci di mano.

Parlo di quando la giustezza della nostra posizione ci trascina in una spirale di comportamenti che, più che al riscatto, ci porta, poi, a ulteriori ingiustizie, finendo per danneggiare gli altri e anche noi stessi.

L'ingiustizia potrebbe essere un tema che si ripresenta spesso nella nostra vita e la rabbia un'emozione che accompagna da sempre le nostre azioni, alcune volte in modo molto intenso. L'intensità di quella rabbia potrebbe essere talmente forte da autorizzarci a qualsiasi azione, pur di farci giustizia.

La giustezza della nostra posizione diventa, allora, una trappola quando, pur di farci valere, ci fa sentire autorizzati a tutto. Aggrediamo verbalmente camerieri, inservienti, burocrati e ci sembra giusto farlo, anche se quegli errori non dipendono direttamente da loro. In nome della giustizia potremmo anche arrivare al punto di essere noi stessi a esercitare violenza e prevaricazione, alimentando questa spirale e facendola espandere sempre più.

Ma il fatto di avere ragione non ci autorizza a riscattarci con tutti i mezzi possibili.

Se il collega sul lavoro ti ruba l'idea, questo non ti autorizza a rompergli il PC.

Se un'auto ti taglia la strada, questo non ti autorizza a picchiare il conducente.

Se tua moglie ti ha tradito, questo non ti autorizza a darle uno schiaffo.

Sentirci autorizzati a compiere qualsiasi azione contro altri, solo perché innescate da emozioni valide, è molto pericoloso per il nostro farcela, da soli e in società.

Accecati dalla voglia di riscatto, farci giustizia ci porterà a conseguenze ancora più ingiuste per la nostra vita e per la nostra stessa salute mentale.

A livello sociale è importante battersi contro le ingiustizie. Ma quando la voglia di riscatto personale diventa disperata e oltre ogni utilità, finiremo per diventare noi stessi i protagonisti di un ingiusto paradosso.

Certo, di fronte a un'ingiustizia non si può pensare di farcela scivolare addosso: sarebbe troppo facile vivere potendo scegliere quali emozioni provare. Peccato che sia impossibile. Quello che, però, possiamo fare è scegliere come comportarci in risposta alle emozioni che sentiamo. Di questo siamo in grado: sta sempre a noi decidere come reagire.

L'ideale sarebbe avere una reazione della quale non potremmo poi pentirci, un comportamento che non rovini relazioni per noi importanti o, banalmente, una condotta che non ci mandi in galera o in ospedale e, quindi, che rispetti le leggi della nostra società. Dobbiamo sempre considerare le norme che regolano la sopravvivenza comune e che tocca accettare se non vogliamo vivere da soli su una montagna deserta, le leggi che, per nostra informazione, non prevedono il farsi giustizia da soli.

Sia chiaro, lungi da me esortarvi al perdono e alla filantropia.

In psicologia il perdono non è una scelta obbligata. Per la nostra salute mentale, non è necessario imporci di abbracciare i nostri carnefici e ringraziarli per il dolore inflittoci.

La sofferenza può essere, a volte, una grande maestra di vita. Ma molte altre diventa solamente una gran rottura. Perché non dobbiamo dare un senso a tutto il disagio: il dolore a volte non ci insegna proprio un bel niente; il dolore alcune volte fa male e basta e, onestamente, se ne farebbe benissimo a meno.

Possiamo, quindi, smettere di usare il dolore per ricavare l'ennesima lezione di performance: i torti subiti non sempre ci rendono persone migliori, anzi, potrebbero notevolmente peggiorarci nel nostro modo di stare al mondo e di interagire con gli altri.

Le ingiustizie, quando sono intense, ci tengono incollati lì, nel passato, trascinandolo nel nostro presente. Più che abbracciare i nostri carnefici o imporci di perdonarli a tutti i costi, la vera chiave per farcela e sentirsi in pace, almeno con se stessi, è lasciar andare. Possiamo farlo *anche* attraverso il perdono, ma, se proprio non ci riusciamo, possiamo farlo prendendo le distanze da quello schifo lì. Senza incartarsi troppo sul perdono, sulla vendetta, o su qualche altra risoluzione di senso.

Alcune volte l'unico modo per accettare il passato è guardarlo, ma poi lasciarlo esattamente lì. E tornare a vivere nel presente.

Cosa farne, allora, di tutta questa rabbia?

La rabbia è la nostra benzina. Possiamo sprecarla per dar fuoco alle cose attorno a noi oppure metterla nelle nostre auto per permetterci di andare avanti.

Possiamo usare quel fuoco che ci brucia dentro in azioni utili, scortesi, orientate su noi stessi. Ritornare su di noi, sui nostri obiettivi, senza minarli solo per il piacere momentaneo della vendetta.

Scortesia è prendere atto che il mondo, a volte, può anche essere ingiusto.

Ma sarebbe ancora più ingiusto farci distrarre dalle ingiustizie nel perseguire la nostra strada.

La trappola del riconoscimento

Poche chiacchiere: è bello quando otteniamo dei risultati. È bello scoprire che i nostri pensieri sono veri, è bello quando il corpo risponde nel modo in cui vogliamo, è bello quando il nostro lavoro funziona, è bello quando i partner e gli amici ci supportano, è bello quando in famiglia ci vedono e ci apprezzano per come siamo.

Muoverci in direzione dei nostri valori ci metterà alla prova con diversi obiettivi, alcuni dei quali saremo in grado di ottenerli, con grande soddisfazione personale.

E i nostri risultati potrebbero essere anche riconosciuti dalle persone attorno a noi. Quando ci muoviamo verso ciò che più ci piace può capitare di trovare riconoscimento. I feedback possono gratificarci, incoraggiarci e sono spesso degli ottimi indicatori per prendere meglio le misure e calibrare le nostre azioni al fine di ottenere ciò che vogliamo. E che gioia quando si trasformano in complimenti!

Ma attenzione a quando lo facciamo *solo* per quel riconoscimento.

Vogliamo essere visti. Il bisogno di essere visti è profondamente radicato nella nostra psiche e ha radici fin nelle prime esperienze di vita. Esistiamo nella misura in cui gli altri ci vedono, ci notano e ci riconoscono. Fin dalla tenera età, lo sguardo altrui è la conferma della nostra stessa esistenza.

Il bisogno di essere visti è una necessità umana tanto profonda quanto spesso insoddisfatta. E, allora, cosa succede quando siamo abituati a essere invisibili?

Ci perdiamo in questo bisogno e lo rendiamo spesso il tema portante delle nostre vite.

Essere visti diventa, allora, il fine invisibile delle nostre scelte, le fondamenta alla base di tutte le nostre azioni e relazioni. Quella motivazione silente che urla «guardami!» attraverso ogni nostro singolo movimento, attraverso i vestiti che indossiamo, le parole che usiamo, le relazioni che abbiamo, gli obiettivi che ci poniamo, i post che pubblichiamo.

Per sentirci reali dobbiamo essere visti. Rincorriamo gli occhi degli altri e ci sentiamo finalmente vivi quando troviamo la nostra immagine riflessa al loro interno.

Ma che ne è di ciò che ci piace?

Il riconoscimento è una trappola quando governa interamente le nostre scelte. Quando non è la conseguenza delle nostre azioni, ma l'obiettivo stesso.

E, allora, ripetiamo insieme: non dobbiamo farlo solo per essere visti.

Per quanto possa essere entusiasmante ricevere complimenti e validazioni, il riconoscimento diventa una trappola quando assume il ruolo di protagonista, mettendo in secondo piano i nostri stessi focus.

> Quando scegli un lavoro solo perché è quello più prestigioso agli occhi degli altri.
>
> Quando ti metti a dieta solo per andare bene a chi ti guarda.
>
> Quando nelle relazioni ti preoccupi di piacere, senza mai chiederti se e quanto l'altra persona piaccia a te.

Il riconoscimento ci fa sentire visti e finalmente adeguati. Alcune volte potremmo costruire tutta la nostra autostima solo sulla base dei riconoscimenti ricevuti.

Ma è troppo facile avere una buona considerazione di sé quando tutti attorno a noi ci dicono che siamo bravi e che stiamo facendo bene. La scortesia, quella vera, entra in gioco proprio quando le nostre azioni non vengono riconosciute. Perché è importante che non tutti lo facciano.

Scortesia è riconoscere che non tutti potranno riconoscerti. Che non tutti avranno i tuoi stessi valori.

Anzi, spesso è il dissenso a indicarti che sei sulla strada giusta.

Se tu fossi uno scienziato, probabilmente vorresti che le persone dicessero di te che sei "un luminare della scienza". Ma se a dire questo fosse una persona che crede che la Terra è piatta, ti andrebbe bene ugualmente? Vorresti davvero che qualcuno così tanto diverso da te ti apprezzasse e ti vedesse come suo simile?

Scortesia è riconoscere che è impossibile piacere a tutti. Smetti di volerlo fare. Se ti sta capitando, vuol dire che qualcosa non sta andando per il verso giusto.

Scortesia è muoversi verso ciò che ti piace, non ciò che ti fa piacere.

La trappola dell'ingiudicabilità

Ma quanto sarebbe bello se la gente smettesse di giudicarci?

Gli altri giudicano le nostre idee, i nostri corpi, le nostre performance, le nostre relazioni e anche il nostro passato. E, spesso, quel giudizio ci schiaccia, ci limita e ci butta giù.

E allora fantastichiamo su un mondo senza giudizi, senza pressioni e, quindi, un mondo in cui saremo finalmente liberi. Da questo facciamo dipendere tutta la nostra serenità: ci impegniamo per evitare che il giudizio sia ancora presente nelle nostre vite, alcune volte ci riusciamo, ma non ci sembra ancora abbastanza e, puntualmente, continuiamo a farci condizionare da ciò che gli altri pensano di noi.

> Quando fingi di avere successo con chi ti pensava fallito.
>
> Quando non vai in piscina per evitare che gli altri guardino il tuo corpo.
>
> Quando posti sui social la classica foto con i due calici, sperando che chi ti ha trattato male adesso si ricreda sul tuo valore relazionale.

Spesso facciamo ruotare le nostre intere vite attorno a ciò che gli altri si aspettano da noi.

Il giudizio ci può intrappolare quando ci porta a compiacere e aderire allo standard solo per sentirci adeguati: quando gli altri si aspettano qualcosa su di noi, noi la facciamo, che sia nella cura del nostro aspetto fisico, sul lavoro, con gli altri. Continuiamo a performare, perdiamo una vita a farlo, in attesa di sentirci finalmente abbastanza. Poco importa ciò che realmente vogliamo.

Ma non è solo questa la trappola del giudizio. Se vi sentite degli animi ribelli, ce n'è anche per voi. Il giudizio diventa una trappola anche quando ci spinge a ribellarci a tutti i costi: se gli altri si aspettano da noi un corpo perfetto, una carriera da sogni, una vita regolare... allora sai cosa c'è? Scandalizziamoli tutti! Molliamo gli studi, la cura di sé, le relazioni, perdiamo il controllo solo perché è il contrario di ciò che si aspettano da noi. Peccato che, anche quando mandiamo all'aria tutto, scopriremo che gli altri continueranno lo stesso a giudicarci e ad aspettarsi cose. Per il solo gusto di andare contro le aspettative altrui, abbiamo scordato di fare ciò che realmente ci andava, perdendoci in questa infinita ribellione. Ugualmente pericoloso.

Non è finita qui. Alcune volte non riusciamo neanche a confrontarci con il giudizio altrui. Allora lo evitiamo, provando a distrarci e cercando di pensare ad altro. Ma alla fine i giudizi salgono su, tutti insieme, come i rumori nel peggiore degli *hangover*. E, allora, non prendiamo spazio, non ci esponiamo, facciamo in modo che gli altri non possano minimamente giudicarci. Silenziamo tutto, anche noi stessi, mettendoci in un angolo e sperando di non dare nell'occhio.

Se il mondo fuori ci giudica, noi possiamo reagire assecondando, ribellandoci oppure evitando la questione restando immobili, non esponendoci, non guardandoci. Non vivendo.

Sono onesta: gli altri avranno sempre un giudizio su di noi. Imperfetto, superficiale, stupido. E continuerà a esserci anche all'interno di quel mondo che tanto è giusto provare a rendere inclusivo.

Gli altri ci giudicano, è vero. Anche noi, del resto, lo facciamo con loro. Ma ciò che gli altri pensano di noi non è altro che un minuscolo granellino di sabbia tra miliardi di altri granelli che – rivelazione – riguardano anche altro. Nella mente di chi li produce, quei giudizi durano il tempo di due secondi o poco più, prima di perdersi nell'infinità di altri pensieri che si susseguono nella loro testa e che raramente ci riguardano.

Possiamo, quindi, stare tranquilli: non ruota tutto attorno a noi.

Avvertiamo giudizi e aspettative degli altri in modo molto più pesante di quanto non lo siano in realtà. Trasformiamo un minuscolo granello di sabbia in un macigno irremovibile.

Per farcela quindi, più che eliminare questi giudizi, possiamo svuotarli di significato. E fare pace con il fatto che continueranno sempre a esserci.

Scortesia è riconoscere quale e quanto peso dare alle parole altrui.

Scortesia è capire che i giudizi degli altri sono degli altri, non nostri.

La trappola dell'autosabotaggio

Ricorriamo spesso al concetto di autosabotaggio.

Chiamiamo comunemente "autosabotaggio" l'operazione per cui le nostre azioni vanno contro noi stessi. Sentendoci un po' piloti delle nostre vite, restiamo increduli quando improvvisamente veniamo autosabotati da forze nostre interne che ci spiazzano mandando all'aria tutti i piani.

Applichiamo comunemente questo concetto quando non padroneggiamo più le situazioni che pensiamo auspicabili per noi e per la nostra salute mentale.

Capita quando vanifichiamo gli sforzi fatti, volontariamente o involontariamente. Un lavoro a tempo indeterminato, un partner premuroso, un obiettivo che, pensavamo, abbiamo sempre voluto... improvvisamente, mandiamo tutto all'aria.

> Quando hai ottenuto quel lavoro che hai sempre voluto, ma adesso le giornate non passano mai.
>
> Quando ti sei iscritto in palestra, ma fai fatica ad andarci.
>
> Quando hai finalmente trovato una relazione stabile, ma con quella persona ti annoi a morte.

Per spiegare questi fenomeni ricorriamo spesso alla fantasiosa presenza di un sabotatore, una parte nemica all'interno di noi stessi che prova a intralciare tutti i nostri piani. Ci immaginiamo dentro quel rassicurante aereo che stiamo pilotando, finché non arriva un demone ad autosabotarci. Che paura.

Ma siamo sicuri di essere davvero noi a pilotare quell'aereo?

Alcune volte pensiamo di guidare le nostre vite, ma si tratta solo di un pilota automatico. E quei demoni oscuri che tanto ci fanno paura, altro non sono che le nostre emozioni e, magari, volontà.

Ci viene molto più facile fantasticare con queste spiegazioni intricate, piuttosto che ammettere qualcosa che riteniamo molto più sovversivo: se non ci piace ciò che ci dovrebbe piacere, è perché, forse, non ci piace.

Piuttosto che ammettere che le cose che abbiamo

tanto desiderato, a guardarle bene e da vicino, ci fanno piuttosto schifo, pur di non riconoscere che sbagliavamo, che abbiamo sempre creduto che la nostra strada fosse ben diversa da ciò che ci aspettavamo, adoriamo sentirci i protagonisti di un film catastrofico e lievemente horror.

Molto più facile pensare di essere i nemici di noi stessi, da combattere e vincere. Per questo, diamo inizio a una lotta interna per contrastare le emozioni e cancellarle, una lotta per smettere di autosabotarci.

Se non ti piace "la cosa giusta" per te, non ti stai autosabotando. Evidentemente, quella cosa non è, poi, così tanto giusta per te.

Scortesia è accettare che alcune volte le cose davvero giuste per noi non sono quelle giuste. Sono quelle che ci piacciono.

La trappola del sacrificio

Il sacrificio è ciò che rende "sacre" le nostre azioni.

A seconda della propria educazione, della cultura di riferimento, dei propri valori e anche del proprio credo religioso, ognuno di noi può scegliere se e quanta importanza dare al sacrificio nella propria vita.

Tutto ok, quindi, se si tratta di una scelta consapevole, che rinnoviamo ogni qual volta decidiamo volontariamente di sacrificarci.

Ma quando da scelta consapevole diventa prassi, un'abitudine che abbiamo in tutti gli ambiti della nostra vita, allora il nostro sacrificio è ben lontano dall'essere sacro.

Nella nostra storia di vita, potremmo aver dedotto che sacrificarsi sia ciò che ci autorizza a vivere, a prendere spazio. Per giustificare la nostra presenza, crediamo, quindi, di dover sacrificare i nostri bisogni per essere sempre utili agli altri e pronti a prenderci cura dei loro disagi.

Ma il sacrificio diventa una trappola quando è la nostra unica modalità di stare al mondo.

> Quando nelle relazioni ti rendi estremamente disponibile alle richieste dell'altro, mettendo da parte le tue.
>
> Quando ti carichi di lavoro senza che nessuno te lo abbia chiesto.
>
> Quando tratti come tuoi tutti i problemi delle persone attorno a te.

Se vediamo il sacrificio come l'aspetto principale che caratterizza i nostri rapporti e l'unica modalità per validare la nostra presenza all'interno delle relazioni, avremo molta più difficoltà a considerarlo una scelta consapevole. Al posto di vivere autenticamente i nostri rapporti, godere delle relazioni che abbiamo, ascoltare, esprimerci, dare e ricevere ruoterà tutto attorno al nostro spenderci e sacrificarci per gli altri.

Nel peggiore dei casi, il sacrificio potrebbe diventare una parte della nostra identità, ciò che rende valida la nostra persona, la caratteristica che spesso ostenteremo con orgoglio, con l'illusione sottintesa di essere insostituibili, unici, migliori degli altri.

Il sacrificio diventa il passe-partout per occupare spazio all'interno della nostra professione, delle relazioni, della famiglia. E questo porterà inevitabilmente a delle ripercussioni nel rapporto con gli altri.

> Quando continui a sacrificarti perché ti reputi l'unica persona in grado di farlo.
>
> Quando sottolinei «l'ho fatto per te», frustrandoti se nessuno lo riconosce.
>
> Quando usi il tuo sacrificio per svalutare gli altri attorno a te.

Il sacrificio potrebbe, allora, trasformarsi in una spinta violenta che, paradossalmente, riversiamo sugli altri. Sugli stessi che vogliamo salvare. Gli stessi che, molto spesso, quel sacrificio neanche ce lo hanno richiesto.

La rabbia e la frustrazione che ne derivano ci porteranno a scagliarci contro i nostri interlocutori attraverso sottintesi colmi di passivo-aggressività, svalutazioni e attacchi personali.

Il sacrificio sembra una scelta imposta da altri, ma nella maggior parte dei casi non lo è. Non darlo per scontato ci aiuta a riconoscere più facilmente la sua trappola. E a iniziare a includere la possibilità di poter *stare* nelle relazioni, anche in altre modalità.

Se con gli altri fare sacrifici può renderci insoddisfatti, frustrati e altamente controllanti, nel rapporto con noi stessi questo valore apre la porta ad altre possibili problematiche.

> Quando credi di dover studiare ventiquattro ore al giorno, senza prima capire ciò che realmente serve per sostenere quell'esame.
>
> Quando pensi che solo una dieta restrittiva ti permetterà di avere il corpo che desideri.
>
> Quando non riesci a stare nell'improduttività e a godere del tempo libero, senza dover fare necessariamente qualcosa di utile.

Il sacrificio diventa una trappola con se stessi quando è considerato l'unica modalità possibile per raggiungere gli obiettivi.

Molte cose della vita presuppongono un certo grado di impegno da parte nostra. L'impegno è un atto di responsabilità che ci aiuta a ottenere ciò che vogliamo. Ma attenzione a non sovrapporlo al sacrificio.

È vero, alcune volte le azioni che ci permettono di avere ciò che vogliamo passano attraverso il sacrificio, portandoci spesso a rinunciare a qualcosa per noi importante. Ma altre volte no, e va bene così.

Nel raggiungimento dei nostri obiettivi, possiamo valutare di volta in volta quanto sia davvero necessario sacrificarci. E quelle volte in cui non lo è, gioirne a cuor leggero.

Il sacrificio è una trappola anche quando diventa il metro di giudizio per attestare la validità dei nostri traguardi e, più in generale, della nostra persona: se ci fa sentire frustrati nel nostro rapporto con gli altri ci porta a credere di essere degli impostori quando ci ritroviamo noi stessi con dei privilegi ottenuti senza troppi sacrifici.

Per salvarsi dall'insidiosa trappola del sacrificio è bene, quindi, considerarlo solo come una possibilità. A dire il vero, una possibilità da usare con molta parsimonia, tenendo conto che la nostra capacità di sacrificio è abbastanza limitata. Per la nostra salute mentale il sacrificio non è una modalità sostenibile sul lungo periodo. Quindi, anche quando ci permette di raggiungere la performance desiderata, sacrificarsi troppo ci farà ritrovare del tutto sprovvisti di qualcosa di molto più importante: il nostro benessere mentale.

Scortesia è fare azioni impegnate, alcune delle quali possono prevedere dei sacrifici, altre delle gioie.

Scortesia è capire che l'impegno e la dedizione verso i nostri obiettivi non includono necessariamente il sacrificio.

Scortesia è scegliere consapevolmente quando e se sacrificarsi.

Considerando che possiamo anche non farlo. Questo non dice niente di noi e del nostro valore.

La trappola dell'eccellenza

Esiste una salutare spinta a eccellere che ci motiva verso obiettivi sfidanti e sempre nuovi. La tendenza a volerci migliorare e ambire al massimo ci porta, in effetti, a farci ottenere discreti risultati. Se puntiamo in alto, potremmo avere più possibilità di raggiungere un buon livello di esecuzione e, quindi, un certo grado di soddisfazione. Pensare all'eccellenza serve proprio a guidarci nelle azioni e lasciarci ispirare.

Ma se i risultati che otteniamo non ci sembrano mai abbastanza, se ne vogliamo sempre di più, l'eccellenza, da parametro utile a guidarci nelle nostre azioni diventa qualcosa da raggiungere a tutti i costi solo per non sentirci dei falliti.

Essere ambiziosi e puntare al meglio può spesso esserci utile nel pianificare le nostre azioni. E può essere anche divertente. Al contrario, sentirsi uno schifo finché non si è raggiunto uno standard altissimo, se non inesistente, è, invece, molto rischioso.

> Quando non ti rilassi finché non hai ottenuto il massimo nella vita.
>
> Quando pretendi che il partner diventi una persona migliore.
>
> Quando non ti senti adeguato, finché non hai raggiunto quel peso sulla bilancia.
>
> Quando pensi che gli altri siano insoddisfatti, si stiano "accontentando", solo perché tu non lo faresti al loro posto.

La continua pressione all'eccellenza potrebbe portare alcuni di noi verso obiettivi irrealistici e, di conseguenza, a percepire di non essere mai abbastanza, innescando ansia, frustrazione e perfezionismo, sia nei confronti delle relazioni con gli altri sia con se stessi.

L'eccellenza è una trappola che porta a esasperarci o, di contro, a bloccarci, fomentati da quel bias cognitivo del pensiero dicotomico che ostentiamo con orgoglio recitando «o perfetto o niente» conducendoci nella maggior parte dei casi a quel simpaticissimo «niente».

Insomma, dopo secoli di filosofi e pensatori la scortesia è ancora qui a ricordarvi l'ovvio: la perfezione non esiste.

Ambire al meglio può essere stimolante e farci imparare. Ma solo quando non prevede un peggioramento del nostro stato mentale. Perché alcune volte la costante tensione all'eccellenza e al miglioramento può, invece, farci peggiorare.

Scortesia è ambizione rilassata.

Scortesia è capire che possiamo godercela in tutti i passaggi.

Anche quando l'eccellenza non potrà mai essere raggiunta.

La trappola della coerenza

È importante essere coerenti. La coerenza è la capacità di fare ciò che si dice, di allineare le nostre parole con le nostre azioni. In psicologia indica la nostra integrità personale: le persone coerenti, in effetti, tendono a essere percepite dagli altri come più affidabili e sincere.

La coerenza è un tema che coinvolge molti altri ambiti del sapere, dalla filosofia, alla sociologia e alla politica ed è un valore valutato come positivo, un valore che ci aiuta nelle nostre scelte e relazioni. Un valore che, però, può anche ingabbiarci in rigide trappole mentali.

Succede quando vediamo nella coerenza un alibi per restare fermi e immobili, dall'alto del nostro piedistallo fatto di ostinazione e paura del cambiamento.

> Quando inizi un corso di studi e, per coerenza, devi portarlo a termine anche quando non trovi più le ragioni per proseguire.
>
> Quando sei con lo stesso partner ormai da quindici anni e non puoi, certo, lasciarlo adesso.
>
> Quando, se non ti sei tatuato quando eri adolescente, ormai non ha senso farlo a quarant'anni.

La coerenza, allora, è una trappola quando ci lega alle nostre rigidità, trasformandosi in un limite e giudizio spietato su noi stessi, ma anche sugli altri.

La trappola della coerenza ci fa restare in una confortante ma blindata prigione retta solo da nostre convinzioni, anche quando fuori si urla il contrario. Un isolamento che ammazza le nostre potenzialità, facendoci spesso restare immobili, comodi ma insoddisfatti. La coerenza è una trappola quando ci chiude all'altro, alla novità, alla sperimentazione, ma anche alla presa in carico dei nostri reali bisogni, spesso censurati ancor prima di essere ascoltati.

Se fino a oggi non siamo riusciti a imparare una nuova lingua, a controllare la rabbia, ad avere delle relazioni soddisfacenti, non è detto che "per coerenza" sarà sempre così.

Possiamo essere coerenti ma anche flessibili nel vedere le cose da prospettive diverse, per restare sulle nostre scelte o per avere valide motivazioni per cambiarle.

Per evitare di cadere in questa trappola è bene mettere da parte le rigidità e coltivare, invece, la propria flessibilità cognitiva, ossia quella capacità che abbiamo tutti di adattarci a situazioni nuove o inaspettate. Attraverso un po' di stretching mentale riusciremo a esplorare il nuovo e a mettere in dubbio le nostre convinzioni, trovando ciascuno il proprio grado di apertura.

Possiamo cambiare le lenti ai nostri occhiali: possiamo assaggiare cibi mai provati prima, possiamo parlare con gente nuova, possiamo fare qualcosa che non credevamo di voler fare.

La flessibilità cognitiva è il segreto dell'adattamento e dell'evoluzione della specie. Come esseri umani ci siamo adattati alle intemperie, alla mancanza di cibo, ai jeans con il risvoltino. Direi che siamo in grado di farlo anche con un cambio di lavoro, di città, di partner, se lo riteniamo utile.

Cambiare non fa di te una persona indecisa, debole o di poco carattere.

Scortesia è non aver paura di essere etichettati come "incoerenti".

Scortesia è allenare la propria flessibilità cognitiva, ricordandoci che il nostro cervello è plastico e aperto al cambiamento, a ogni età.

Qual è la tua trappola?

Le trappole cortesi non finiscono certo qui.

Si formano tutte quelle volte in cui prendiamo dei valori solidi e li trasformiamo in trappole dalle quali non riusciamo poi a uscire.

In diversi aspetti della vita estremizziamo dei concetti nobili senza tener conto del contesto o delle conseguenze che gli stessi possono innescare, focalizzandoci assiduamente su un aspetto a discapito di altri elementi ugualmente importanti per la psiche. E con inevitabili ripercussioni anche sulla nostra salute mentale.

Tutta colpa della rigidità cognitiva, cioè quell'aspetto del nostro funzionamento mentale che ci porta a essere più restii nel modificare i comportamenti, cambiare convinzioni e punti di vista, adattandoci alle circostanze.

La rigidità cognitiva può impattare su diverse aree della vita – il lavoro, le relazioni interpersonali – bloccandoci spesso in trappole limitanti che continuiamo ad alimentare attraverso perseverazioni diaboliche. Se abbiamo un alto grado di rigidità cognitiva, avremo più difficoltà a uscire da queste trappole, restando fermi sulle nostre convinzioni.

C'è, però, una buona notizia: la rigidità non è un qualcosa di immutabile. Sempre e a ogni età si può favorire una migliore flessibilità cognitiva, affrontando la vita con una maggiore capacità di adattamento, rispondendo alle circostanze, evitando di stazionare troppo a lungo nelle proprie personali trappole mentali.

Si può partire dalle piccole cose: ascoltare musica diversa da quei quattro artisti che senti da quando eri adolescente, dare una possibilità a qualcuno di cui pensi di sapere già tutto, descrivere te stesso con parole nuove. Piccoli cambiamenti che allenano il cervello al nuovo e all'inaspettato, facendoci andare oltre i nostri stessi limiti.

Anche il confronto con gli altri può essere uno strumento potente: ascoltare storie e punti di vista diversi dai nostri ci aiuta a vedere le situazioni da varie angolature, rendendoci un bersaglio più difficile per i nostri bias.

Sintonizzarsi davvero con il mondo attorno a noi, cambiare punti di vista, imparare nuove storie ci insegnerà a guardare meglio ciò che succede anche dentro la nostra mente, con apertura e tolleranza.

Il vero segreto per farcela è, quindi, imparare ad ascoltarsi, riconoscere le proprie personali trappole e iniziare a confutarle con scortesia.

Riesci a riconoscere qual è la trappola cortese che ti fa cadere più spesso?

Finisce il libro, inizia la tua scortesia
Cosa significa davvero "farcela"?

«Come stai?»

La solita domanda.

«Bene, grazie, tu?»

Sperando di liquidare il tema, passando la palla all'interlocutore.

Una domanda frequente, a cui spesso non siamo in grado di rispondere autenticamente. Una domanda che può confondere, ferire o che spesso fa arrabbiare.

Una domanda a cui, allora, evitiamo di rispondere. Cambiando argomento, parlando del tempo, della politica, del traffico, applicando dei virtuosismi da manuale che ci allontanano anni luce dalla questione, ritrovandoci alla fine più disorientati di prima. La facciamo decadere lì, nell'oblio delle domande a cui non vorremmo mai rispondere.

È molto difficile capire come stiamo.

Abbiamo paura di scoprirci tristi, depressi, arrabbiati, frustati, invidiosi. Qualcosa che sarebbe per noi difficile da accettare, qualcosa da cui, crediamo, sarà impossibile uscire. Qualcosa di cui avere paura. Non ci chiediamo «come stai?», perché «chissà poi cosa scopro», convinti che la nostra mente sia un vaso di Pandora che è meglio non aprire mai.

«E se scopro di non essere felice?»

Sì, può succedere.

Alla domanda «come stai?» potremmo anche scoprire di non provare felicità. Va anche bene non camminare ogni giorno tre metri sopra il cielo. Possiamo provare gioia ma anche ansia, tristezza e tante altre emozioni, più o meno piacevoli. Ché se il nostro mondo fa schifo, non si può mica esser felici. In molti casi, provare emozioni spiacevoli significa proprio godere di una buona salute mentale. L'approccio scortese ci invita ad abbandonare l'idea di performare anche nel pensare e nel sentire. Le emozioni esistono, anche quelle che non ci piacciono. Ma non mordono, anzi, ci parlano: a noi basta accoglierle e ascoltare il loro messaggio. Le emozioni non sono demoni irrazionali da temere e controllare a tutti i costi. Che siano belle o brutte, le emozioni iniziano e finiscono, tutte.

Anche la felicità. Peccato che da lei pretendiamo che duri in eterno. Dobbiamo «essere felici sempre», frustrandoci tutte le volte in cui il nostro umore ci segnala un'emozione diversa. Illusi che la felicità assoluta esista, ci mortifichiamo quando le nostre emozioni non sono tutte "positive".

Ignoriamo che ciò che erroneamente chiamano "felicità" riguarda, in realtà, uno status molto più ampio che può includere, al suo interno, anche emozioni e pensieri non proprio piacevoli da sentire. Forse è più corretto chiamarla "salute", che ne dite? Insomma, dovremmo ormai averlo capito: la ricetta della "felicità" include anche altre emozioni.

Essere scortesi significa ascoltarle tutte, anche quelle non troppo "cool".

Spesso non ci chiediamo «come stai?» per paura di scoprire di *essere* qualcosa di diverso da ciò che ci aspettiamo. Scambiamo quel «come stai?» per «che cosa sono?».

«E se scopro di esser "pazzo"?»

Quando parliamo di salute mentale, quando ci chiediamo «come stai?» dobbiamo tener conto che la risposta non sarà mai esaustiva della nostra intera essenza. Non siamo i nostri pensieri, non siamo le nostre emozioni.

Niente di ciò che *sentiamo* dice davvero chi *siamo*.

Da questo vademecum di scortesia ho ritenuto utile lasciare fuori i discorsi identitari, le definizioni, le diagnosi forzate e tutto ciò che ci rende sordi al semplice ascolto dei nostri pensieri ed emozioni. Ho voluto che il libro fosse libero da rigidità e pregiudizi. Gli stessi che spesso ostacolano la nostra voglia di concederci quel banalissimo e fondamentale «come stai?», senza paura di scoprire la risposta.

Ciò che troviamo nella nostra mente non è rappresentativo della nostra intera persona. Possiamo quindi metterci in ascolto, senza aspettarci di trovare svelata la verità su noi stessi.

Crediamo che in terapia ci si debba andare solo quando si è diventati "matti". Pensiamo di ricorrere alla psicologia solo quando abbiamo un "disturbo" o una "malattia". E, allora, se non è grave, teniamo lì il nostro disagio inascoltato, a macerare mesi, anni o anche una vita intera. Viviamo male, ma consolati dall'esser "sani".

Quanto schifo dobbiamo ancora sentire prima di prenderci cura dei nostri disagi?

Per farcela con la nostra salute mentale è importante partire da quel «come stai?» e prendere sul serio la risposta, anche quando non abbiamo ancora toccato il fondo.

Basterebbe muoversi in anticipo, farsi qualche domanda in più e magari qualche piccolo aggiustamento di percorso. Tutto qui. Perché non è giusto rassegnarci al disagio solo perché abbiamo imparato a sguazzarci dentro senza annegare.

Anche quando non abbiamo niente da cui guarire, la scortesia ci aiuta a farcela.

Farcela, che non è performare.

Già, perché quel «come stai?» lo scambiamo spesso anche per «che cosa ho ottenuto?».

Crediamo, allora, che la salute mentale si misuri in traguardi e obiettivi conseguiti: un ruolo lavorativo, uno standard fisico, una relazione.

La nostra salute mentale si dedurrebbe, quindi, dalle cose che abbiamo ottenuto, avidi in questo *fast fashion* di cose da avere, seppur di qualità esigua. L'importante è smarcare quante più caselle possibili nella lista di *must have* necessari per farci sentire, in ogni occasione, adeguati e normali.

È la prima cosa che si chiede alla psicologa: «Dottoressa, ma è normale?».

Come se la cosa che più ci sta a cuore sia capire se un comportamento, nostro o di qualcun altro, sia "normale" oppure no. Come se, per farcela nella vita, ci sia bisogno di un giudizio *super partes* in grado di rassicurarci sulla normalità delle nostre azioni e sollevarci dalla presa in carico delle nostre scelte.

Pensiamo che farcela significhi, allora, entrare in un qualche range di normalità/conformismo. Significa giocare con le macchinine se sei maschio e con le bambole se sei femmina, laurearsi in tempo, avere un corpo conforme, sposarsi perché hai trent'anni, fare carriera, comprare un'auto, una casa. Significa fare quello che gli altri si aspettano da noi, perché "normale".

Non è questa la scortesia, non è questo il vero farcela.

A volte è proprio il confronto con questa presunta normalità a limitarci e a farci sentire sbagliati. E, spesso, anche a farci ammalare.

Perché non va bene aver ottenuto una promozione, se poi ogni giorno prima di andare al lavoro ci viene la nausea.

Perché non va bene avere un corpo magro, se poi ci facciamo divorare dai sensi di colpa ogni volta che mangiamo un po' di più.

Perché non va bene mantenere a tutti i costi una relazione, se poi si trasforma in una gabbia che ci soffoca.

Perché non va bene farsi in quattro per la propria famiglia, se per farlo ci ammaliamo noi.

Perché non va bene fare le stesse cose che fanno gli altri, solo per sentirci "normali" anche noi.

In questo manuale di scortesia abbiamo imparato alcuni modi per farcela nella vita di tutti i giorni. E, per farcela, è importante fregarsene del concetto stesso di normalità e delle sue confortanti, quanto vuote, liste di cose da avere per poter credere di stare bene.

Farcela non è essere come la norma. Farcela non è essere come dovremmo.

La psiche è il risultato di un mix tra componenti biologiche, psicologiche e sociali, dove ogni elemento è decisivo e strettamente interconnesso con gli altri. Essere scortesi significa, quindi, assumersi la responsabilità del proprio benessere, ma senza ignorare l'impatto di tutte le altre variabili al di fuori di noi.

Magari, facendo del nostro meglio per migliorarle un po'.

Scortesia è stare in società parlando apertamente di benessere mentale, considerarlo una parte indispensabile della nostra salute complessiva e riconoscendo di poter fare terapia senza considerarla ancora un tabù, senza nascondersi, senza dire «vado dal dentista», «dal commercialista» o «alla riunione di condominio». Senza sentirsi colpevoli di commettere chissà quale delitto solo per aver chiesto aiuto.

Scortesia è contrastare la cultura della performance, è smettere di ragionare per stereotipi, è non puntare il dito esclusivamente contro gli altri.

Scortesia è riconoscere le proprie responsabilità, ma al tempo stesso non imporsi di amare tutti. Scortesia è anche insultare, ma con la sola abilità oratoria, senza ricorrere a categorie diagnostiche o banali commenti grassofobici, omofobi o abilisti.

Scortesia è accettare che i fenomeni del mondo, proprio come quelli della nostra mente, possono essere complessi e mai solo o bianchi o neri.

Scortesia è aprirsi a tutti gli altri colori.

Se questo libro non ti avrà dato risposte ma altre domande, allora, sei sulla strada buona per farcela.

Perché da adesso in poi la tua vita potrebbe continuare a essere esattamente la stessa di prima. Il disagio potrebbe bussare alla porta in forme che conosci bene o in alcune che non ti aspetti. E gli altri potrebbero continuare a giudicarti, a non riconoscerti, a non rispettarti. La scortesia non ti aiuta a cancellare magicamente nulla di tutto ciò.

Più che stabilire indicazioni categoriche, lo scopo di questo libro e della mia idea di salute mentale è offrire compagnia nell'arduo cammino del farcela quotidiano. Provandoci insieme senza sentirci sbagliati quando non ci riusciamo.

Scortesia è riconoscere che stiamo tutti percorrendo una strada e ognuno può aggiungere il suo pezzo, in base a ciò che può e che gli va.

Accettando che il percorso personale non sarà mai lineare: ci saranno passi in avanti e indietro. E non esistono scorciatoie o metodi validi per tutti e in tutti i momenti. Farcela è un cammino interessante, ma spesso anche ricco di ostacoli, molti dei quali posti proprio da noi.

La scortesia, più che una *cosa* ci spinge a trovare i nostri *come*, per orientarci verso la vita che vogliamo.

Farcela significa allora riconsiderare l'enorme importanza dei nostri *come* quotidiani: tipo svegliarsi senza odiare il mondo, mangiare un pasticciotto senza flagellarsi per le calorie, sentirsi bene dentro le relazioni, a partire da quella con noi stessi.

Scortesia è fare. Senza rimandare al momento giusto o alle condizioni perfette. Senza prima doversi sentire risolti.

Scortesia è un approccio elementare che punta a farci vivere secondo ciò che più piace.

Perché la salute mentale, a volte, può essere davvero una cosa semplice.

Indice

Introduzione 7

1. Che cos'è la Scortesia? 11
Sii scortese, sempre.

In questo capitolo spieghiamo come nasce l'idea della Psicologia Scortese e che cosa si intende per scortesia, introducendo le sue diverse applicazioni ai vari ambiti della vita, approfonditi nei capitoli successivi. A tal fine, verranno proposti degli esercizi che offriranno una base concettuale utile per affrontare, poi, nel dettaglio, le tematiche successive.

2. Scortesia con la mente 43
Anche il tuo cervello può sbagliare.

Qui iniziamo a conoscere meglio il nostro cervello, provando ad andare oltre i luoghi comuni che lo vedono come un organo infallibile e guardando la nostra mente sotto una luce nuova: il cervello può sbagliare e i nostri pensieri non sono sempre tutti veri o giusti. Verranno proposti degli esercizi per conoscere gli errori del cervello, i bias cognitivi, e iniziare a gestirli per vivere in modo più sereno, a partire dalla nostra mente.

3. Scortesia con il corpo 73
Quella squilibrata idea di equilibrio.

Parliamo di equilibrio mente-corpo: qui i bias cognitivi, accompagnati dagli slogan della diet culture e della grassofobia urlano così forte nella nostra mente da impedirci di ascoltare tutto il resto. Ma il resto esiste, e sei tu. In questo capitolo proviamo ad abbassare il volume dei sensi di colpa, della vergogna, dei giudizi degli altri e del rumore dei chili di troppo o di troppo poco, e iniziamo invece ad ascoltare il nostro corpo. Da quanto non succedeva?

4. Scortesia sul lavoro 109
Farcela nel mondo del lavoro.

In questo capitolo applichiamo Scortesia sul lavoro. Partiamo dal capire che cos'è il lavoro, ma soprattutto che cosa non è, provando a orientarci tra ansia, perfezionismo, sindrome dell'impostore, fino a scontrarci con tutto ciò che non va nel nostro modo di vedere e intendere la questione. Verrà proposto un esercizio per orientarci meglio e far luce su come vogliamo che sia il nostro lavoro, alleggerendoci un po' da tutto il carico sul tema che spesso avvertiamo.

5. Scortesia nelle relazioni 149
Siamo tutti casi umani... anche tu!

Orientarsi nel mondo delle relazioni è davvero complesso. Ma possiamo farcela anche qui. In questo capitolo impariamo a riconoscere i principali meccanismi di cui siamo vittime, primo tra tutti la nostra stessa vittimizzazione.

6. Scortesia in famiglia 193
Diserta la sagra delle colpe.

È il momento di tornare a casa, dove tutto è iniziato. Perché puoi imparare a essere scortese in molti ambiti della vita, ma arriverà sempre un giorno in cui tornato a casa tutto crollerà, e ti ritroverai intrappolato in dinamiche familiari più grandi di te. La Scortesia in famiglia è una conquista lenta, ma dagli infiniti benefici.

7. Trappole cortesi 233
Occhio a non cadere in questi tranelli.

Nei diversi ambiti della vita ci ritroviamo spesso di fronte ad alcune trappole mentali. Travestite da nobili valori, si insinuano e ci incartano Qui proviamo a raccoglierle tutte, dando loro un nome e un'identità. Qual è la trappola che ti inganna di più?

Considerazioni finali 261
Finisce il libro, inizia la tua scortesia.

Parliamo di salute mentale e di altre cose preziose da sapere per applicare Scortesia fin da subito, senza aspettare che arrivi lunedì.

Finito di stampare nel mese di luglio 2024
per conto di RCS MediaGroup S.p.A.,
da Rotolito S.p.A., Via Sondrio, 3, Pioltello (Milano)
Printed in Italy